新时代农耕劳动教育实践

●●●●▶▶▶ ◎ 赵凤华 等 著

中国农业科学技术出版社

图书在版编目（CIP）数据

新时代农耕劳动教育实践 / 赵凤华等著. --北京：中国农业科学技术出版社，2022.4
ISBN 978-7-5116-5712-1

Ⅰ.①新… Ⅱ.①赵… Ⅲ.①劳动教育－教学研究－小学 Ⅳ.①G623.92

中国版本图书馆CIP数据核字（2022）第044174号

责任编辑　张诗瑶
责任校对　马广洋
责任印制　姜义伟　王思文

出版者	中国农业科学技术出版社
	北京市中关村南大街12号　　邮编：100081
电　话	（010）82106625（编辑室）　（010）82109702（发行部）
	（010）82109709（读者服务部）
网　址	http://www.castp.cn
经销者	各地新华书店
印刷者	北京建宏印刷有限公司
开　本	148 mm × 210 mm　1/32
印　张	7.5
字　数	208千字
版　次	2022年4月第1版　2022年4月第1次印刷
定　价	48.00元

◆版权所有·侵权必究◆

《新时代农耕劳动教育实践》
著者名单

主　著　赵凤华
副主著　徐凤芝　张春霞
参　著（按姓氏笔画排序）
　　　　　门金剑　马可君　王　玮　毕善强
　　　　　吕俊凤　刘敬梅　孙凤琰　何　君
　　　　　张学宁　张雪芳　陈　聪　陈英超
　　　　　高　腾　高圣新　章建军

序言

2019年，赵凤华同志在山东德州东城小学任教务主任，她通过朋友与我联系，说准备在校内实施以农耕文化为主题的综合实践活动，并寄来了她对课程的整体设计，征求我的意见。我在天津中学做校长时，也是不遗余力地推行综合实践活动课程。一个小学教务主任，能够对综合实践活动课程如此重视，对此我十分赞赏。

2021年，她又换了一所工作的学校，并成立了市区两级劳动教育工作室，带领团队继续探究以农耕文化为主题的劳动教育课程。学校的育人功能是通过课程实现的，课程是学校的一张名片。具有生命活力的课程会极大地激发学校的办学活力。国家课程校本化实施和校本课程的开发对于形成学校办学特色具有积极的意义。形成校本课程的过程也是教师成长的过程，随着一个个生动的课程案例的开发，一批年轻富有朝气的、能够积极探索与创造的教师会从中脱颖而出。只有做学习型、研究型的教师，才能不断超越自我，使自己的工作更扎实、更有效、更完善、更优秀。农耕文化为主题的劳动教育课程的开发，最大的价值还在于学生培养方面。师生同在种植区里面亲身经历、亲身体验，了解植物生长的规律，探究植物生长的奥秘，掌握劳动的方法和技能，共洒劳动的汗水，同享丰收的喜悦，培养热爱劳动的品格、尊重生命的意识。劳动教育课程是经验性、实践性、综合性、创造性课程，是架起学校教育与社会生活的桥梁，能够克服知识与情境的分离、学与做的分离、认知与情感的分离，构建起开放的、自主的、更为注重内心体验的学习环境。立德树人，劳动教育课程是一门不可或缺的课程。教育工作者为实施这门课程所做出的不懈探索与努力，所付出的艰辛汗水与心血，令我们肃然起敬。

国赫孚

2022 年 3 月

前言

2020年3月印发的《中共中央 国务院关于全面加强新时代大中小学劳动教育的意见》明确提出大中小学设置劳动必修课，有计划组织学生参加三类劳动：日常生活劳动、生产劳动和服务性劳动，其中生产劳动包括农业生产劳动。教育部印发《大中小学劳动教育指导纲要（试行）》，进一步细化劳动课内容建议、实施途径等，考虑到全国各地差异，鼓励学校结合实际，开展丰富的劳动实践活动，宜工则工，宜农则农，增强劳动育人效果。一系列劳动教育相关政策的出台为农村学校开展农耕劳动教育指明了方向。

《新时代农耕劳动教育实践》一书，倡导的新时代农耕劳动教育是以学校为主导，家庭为基础，市级农业科学研究院为依托，开展农耕劳动教育的实践活动。与中华传统的农耕文化相融合，与现代农耕技术的实践、未来农耕技术的创新相结合，把新时代劳动教育的理念和行动落实到学生生活、学习的各个环节，形成正确的劳动价值观，养成良好的劳动习惯，培养劳动素养。通过知农识、行农事、学农技，通过脚踏实地的农耕实践和传统的农耕文化学习，让学生体验农耕的耕读之美、勤劳之美、厚德之美、奉献之美。建设学校农耕劳动育人文化，提升农村小学的育人水平。

本书的著者都是一线教师，更多地注重实践性，理论水平有限。另外，写作时间仓促，如有不当之处，请各位读者批评指正。

感谢原天津中学校长国赫孚教授的悉心指导与鼎力支持，感谢山东省教育科学研究院王秀玲主任的引领与帮助，感谢一路走来各级领导给予的关心与鼓励。

赵凤华

2022 年 3 月

目录

绪　论 ·· 1
　梦想，从劳动实践起航 ························ 2

第一章　走进日常生活劳动 ················ 9
　水果拼盘 ··· 10
　自制笔筒 ··· 14
　神奇的彩泥 ····································· 17
　巧系鞋带 ··· 20
　花式系鞋带 ····································· 24
　养成垃圾分类习惯 ··························· 31
　学会使用洗衣机 ······························ 35
　制作风筝 ··· 39
　叠衣服 ·· 44
　包书皮 ·· 49

第二章　走进农业生产劳动 ················ 53
　认识土壤 ··· 54
　认识蔬菜 ··· 58
　饲养小动物 ····································· 62

种植多彩樱桃萝卜 ·· 69
　　种植花生 ·· 72
　　种植大蒜 ·· 76

第三章　劳动实践课堂教学实录 ·································· 81

　　水果电池 ·· 82
　　干点家务活 ··· 86
　　家乡德州的城市名片 ··· 89
　　家乡特产知多少 ·· 95

第四章　劳动教育工作室观评课 ···································· 101

　　那些年的"劳动教育" ··· 102
　　学无止境，教亦无止境 ·· 105
　　在学习中前行 ·· 107
　　陵城之行，且学且悟 ·· 109
　　名师引领促成长 ··· 111
　　五月，成长正当时 ··· 113
　　志愿岗和立杆测影的观评 ····································· 115
　　劳动教育之我谈 ··· 117
　　听课中成长进步 ··· 121

第五章　劳动教育工作室工作总结 ································ 123

　　"劳"随心动，聚力美好 ··· 124
　　花开无声，成长有痕 ·· 127
　　劳动教育，未来可期 ·· 132
　　名师引领，风华正茂 ·· 137
　　名师引领，力学笃行 ·· 141
　　且行且思，砥砺前行 ·· 145
　　专业引领，携手成长 ·· 148

一路繁花，一路收获 ·················· 151
　　名师助力，伴我成长 ·················· 155

第六章　劳动教育工作室教育随笔 ·········· 159

　　"伙夫"老章 ························ 160
　　利用丰富的农耕活动提升学生德育素养 ······ 165
　　教育似埋种，静待花开 ················ 170
　　那些故事的力量 ···················· 173
　　孩子们真的很棒 ···················· 176

第七章　劳动教育工作室读书感悟 ·········· 181

　　读《劳动教育论要：现实畸变与起点回归》 ··· 182
　　劳动教育，触碰心灵，感知你我 ·········· 184
　　《劳动教育论要：现实畸变与起点回归》读后感 ··· 188
　　小学劳动教育的探索与发展 ············· 190
　　赏识孩子，才能真正地发现孩子 ·········· 193

第八章　劳动教育工作室实践成果 ·········· 199

　　城镇化视域下的农耕劳动教育探索与实践 ···· 200
　　农耕搭台，培根育人
　　　——德州东城小学农耕课程的实施路径 ····· 205
　　小学生劳动教育的现状及实施策略
　　　——以德州经济技术开发区宋官屯镇沙王小学为例 ····· 210
　　农村中小学综合实践课程现状及实施策略 ···· 215
　　借助古诗词依托本土资源开展劳动实践教育的探索
　　　——以德州经济技术开发区尚德小学为例 ····· 220

绪　论

 新时代 农耕劳动教育实践

梦想，从劳动实践起航

2018年全国教育大会上，习近平总书记强调，要在学生中弘扬劳动精神，教育引导学生崇尚劳动、尊重劳动，懂得劳动最光荣、劳动最崇高、劳动最伟大、劳动最美丽的道理，长大后能够辛勤劳动、诚实劳动、创造性劳动。

一、我的初心

我们学校虽地处农村，但孩子们与日常的农耕劳动却渐行渐远。通过调查问卷和实地走访，我们发现孩子们课余生活也普遍城市化：不再去田里干农活，不再趴在地上玩泥巴、探究蚂蚁的世界，不会自己缝沙包、做毽子，不会追蜻蜓、捉蚂蚱……由于缺乏劳动实践机会，很多学生不了解农业知识，不认识农作物，甚至认为"芝麻是从火龙果里出来的"，不爱惜粮

食的浪费现象严重……

无独有偶，2018年，学校里来了5名实习的大学生，因为餐厅不提供晚餐，所以学校就给他们买了一整套锅碗瓢盆，可谓样样齐全。半年实习期结束，除水壶外全都原封不动。问及原因，3名女孩中只有1名会做点简单的饭菜，索性这半年来3名二十出头的女孩一起靠订外卖度过；另外2名男孩，因为无法解决晚餐问题，索性选择了每天往返就读大学。这件事对我触动很大，我不敢以点概面，但至少也说明了劳动教育的缺失，经过10多年的学校培养，步入社会后学生的自理能力、与人合作能力、基本生活技能令人担忧。"啃老""躺平"等现象也屡被报道。学校有义务去担起这个责任。我们的教育不仅仅是为了今天，更是要为学生想象不到的未来做准备。

正如苏霍姆林斯所说，劳动以外的教育和没有劳动的教育是不存在的，也不可能存在。劳动教育课程就是要面向学生的生活，以学生的衣食起居、家务劳动和学校生活为起点，结合生产劳动、服务性劳动，帮助学生形成正确的劳动价值观，培养勤俭、奋斗、创新、奉献的劳动精神，养成良好的劳动习惯。

二、我的行动

我们立足学情、校情、结合周围的环境，尝试实施"农耕"育人模式，创建农耕基地、寻求农耕专家帮助，成立农耕工作室，来落实和推进劳动教育的实施，培养学生的劳动意识、劳动观念，获得劳动能力，享受劳动乐趣，培养知农、爱农、兴农的家国情怀。

1. 营造"农耕"环境，为劳动教育的实施提供物质基础

创建了班级种植区、校内种植区、校外体验区，"三区合力、同育新苗"。班级种植基地主要是无土栽培或者小型盆栽；校内种植基地包括学校蔬菜园、百草园、果树园，学期初通过公开竞标，拍得土地使用权，制订出可操作性的种植方案，根据难易程度，各年级种植不同的植物，形成"多彩农场"。每周五下午利用两节劳动实践课的时间，完成土地丈量、土壤改良、种植、管理、收获的全方位和多角度的体验过程。校外种植基地包括德州市农业科学研究院的千亩育苗实验基地和学校紧邻的减河湿地东岸绵延10千米的种植体验区。学校每学期组织学生进行一次实地体验，触摸现代化的农业发展模式，把握农业发展方向，体会科技的重要性。

2. 寻求"农耕"专家帮助，为劳动教育增加技术保障

学校与德州市农业科学研究院合作，聘请各研究所的博士作为指导教师，带领学生进行土壤改良、种子优选和科学种植的体验与实践。德州市农业科学研究院专家定期来校进行农业科普知识讲座，实验室对学生开放。通过德州市农业科学研究院的助力，学校

农耕课程区别于传统的耕种,注入了科技的元素,实现了现代化。无土栽培、杂交育种、智慧大棚在学生的"心田"植下科学的种子,培养了学生科学种植的意识,使他们明确凡事尊重科学规律。

3. 落实"农耕"主题,以劳动教育助推"五育"并举

在任课教师和专家具体指导下,学生参与了从播种到管理、收获、义卖的全过程。在这个过程中,学生从不知道怎么拿铁锹,到熟练地使用;从不认识西瓜苗,到人工授粉、打枝、压蔓;从毛手毛脚地踩到苗、碰到枝,到悉心呵护每株小苗,风雨后第一时间去抢救受伤的小苗……在劳动的过程中,学生与这些农作物的生命建立了有效的连接,收获了劳动的幸福,感悟了生命之美,厚植了乡土情怀。通过农耕劳动教育,学生的精神面貌焕然一新,吃苦耐劳的精神和解决问题的能力得到了提高,也有效地促进了学习成绩的提升。

4. 引领"农耕"研究，创新劳动教育新思路

在德州市教育和体育局、德州经济技术开发区发展服务中心教育体育和文化旅游事业发展部的关心支持下，成立了市、区、联盟、学校四级劳动教育工作室，涵盖了德州经济技术开发区、运河区、宁津县、武城县的11所学校的28名成员。整个团队以"新时代劳动教育的实践与研究"课题为引领，开发了以"智慧农夫""我有一双小巧手""劳动达人"等为主题的校本课程。两年来，在团队的探索研究下，11所学校基本实现课程教学实践化、校内劳动常态化、家庭劳动生活化、社会实践多样化，把劳动教育打造成授人生活技能、播种人生幸福的教育。其间多次积极参与省、市、区级的"名师送教"活动，获得一致好评。

三、我的收获

情系乡村，幸福实践，劳动教育使这些农村学生掌握了基本生活技能，养成了良好的劳动习惯，树立了正确的劳动价值观。他们懂得了责任，懂得了感恩，懂得了珍惜，更懂得了是脚下的这片热土养育了他们。正是因为我在劳动教育中的探索，使我成长为教师成长力的排头兵。我主持编写了《我有一双小巧手》《美丽的贴画》《智慧农夫》《劳动小达人》等校本教材，撰写的多篇论文在《少年儿童研究》《小学教学参考》《山东教育》等期刊上发表，主持和参与了7项省市级规划课题，先后被评为山东省特级教师、山东省第四期齐鲁名师工程人选、德州市教学能手、德州市优秀教师、第四批德州市乡村之星、德州经济技术开发区师德标兵、德州经济技术开发区劳动模范等称号。

源于对教育的初心而选择了劳动教育课程，更基于肩负培养祖国未来的重任而坚持落实劳动教育课程。最后，我想把鲁迅的这句话送给大家，"无穷的远方，无数的人们，都和我有关"。教师的境界就是这样，我们送走一届届学生，我们与"无穷的远方"和"无数的人们"都有关，而这种意义感和幸福感，只有投入其中才能够获得。

（赵凤华）

第一章 走进日常生活劳动

水果拼盘

📚 课前思考

水果拼盘可以用来盛情招待到家里做客的客人，可以为宴会餐桌锦上添花。水果拼盘的形式多种多样。如果能够掌握做水果拼盘的方法，一定是一件特别有意思的事情。常见的水果拼盘有哪些制作方法呢？怎样才能做得更美观呢？需要哪些基本技能呢？酸、涩、甜、美，人生百味，这次活动的目的在于让学生明确水果拼盘的作用，学会与人合作制作果盘；同时培养他们发现问题、解决问题的意识。

📖 实践探索

环节一：课前交流，明确规则

日常交流，与学生减少距离感。同时与学生达成约定，宣布规则，明确组长职责及加分制度。

环节二：解答困惑、引出课题

从不喜欢吃水果以及客人来家里无水果拼盘的尴尬等实际问题入手，播放视频让学生了解水果拼盘的作用，导入新课。

同学们，通过这段视频我们了解到水果拼盘既满足了食用者的不同口味，又通过多种造型和艳丽的色彩赢得了人们的喜爱，同时还解决了很多水果难剥皮的尴尬。这节课我们一起来制作属于自己的作品吧。

环节三：欣赏拼盘，丰富认知

通过图片来丰富对水果拼盘的认知，明确水果拼盘属于甜味常见凉拌菜。可以从选材、颜色搭配、摆放造型等方面来进行了解。

环节四：讨论交流，尝试制作

1. 制作步骤

通过小组讨论，确定水果拼盘的制作步骤。

定主题—选水果—切水果—摆形状。

2. 制作锦囊

（1）明确目的。不同场合水果拼盘可以通过不同造型表达不同含义。

（2）颜色搭配。根据美术冷暖色调、相近色和对比色等进行搭配。

（3）造型技巧。挖、切、雕刻、卷、摆等。

（4）用具支持。可选用不同的工具完成水果拼盘。

3. 选取材料

学生根据自己的小组构思去选取所需材料。

4. 注意事项

教师提醒学生制作时的注意事项。

（1）选用刀、牙签、模具等方面应以简单易做、方便出品为原则，注意安全。

（2）注意卫生、戴好手套。

（3）杜绝浪费，剩余的食材要收好。

（4）做完之后，收拾好桌面，归类放好。

5. 教师放音乐，学生制作

在制作的过程中，随时对会合作、讲卫生、造型好、用刀注意安全的小组加以表扬鼓励。

环节五：作品展示，分享成果

伴随着轻快的音乐，学生完成各自小组的作品。各小组将作品摆在展示台上，由各小组代表进行讲解。

环节六：活动延伸，品尝美味

各小组展示分享作品后，教师带领学生共同品尝水果拼盘，并进行活动延伸和主题升华。

同学们，此刻的心情是不是很激动，我们要来品尝我们的作品了。双手创造的不仅是美食，还可以为生活增添色彩，爱的味道往往让食物散发更美妙的味道。

收获与总结

通过本节课程，学生对于水果拼盘有了更多的了解，掌握了制作水果拼盘的秘诀，从颜色搭配、营养角度对水果拼盘都有了新的认识。

拓展与创新

本节课程让学生走进了生活，从水果的不同功效、拼盘的不同寓意中发现生活中的各类知识。创新之处在于让学生运用多种学科知识去创作，而且在学习中增强了合作意识，同时也体会到了劳动所带来的美。

自制笔筒

📖 课前思考

日常生活中的那些并不常用的瓶瓶罐罐，通过我们的加工可以制作出很多的"小玩意"，把它们变成一些实用的生活用品。本节课程根据"让学生利用周围的废旧材料做一个实用、美观的笔筒"这一教学主旨，根据学生在学习过程中可能出现的问题点，设计了"欣赏笔筒—探索方法—收获总结—课后拓展"的知识链架构，引导学生从多方位了解和探索笔筒制作技法、感受创造的乐趣，同时养成进行废物利用的基本意识和良好习惯。根据对笔筒的认识与制作这一整体教学目标，在教学过程中渗透，让学生养成设计意识、文化意识、环境意识和合作意识等多元理念，使学生在玩和做的过程中有所获益。

📖 实践探索

环节一：欣赏创意笔筒，激发制作兴趣

PPT课件播放创意笔筒作品展后，与学生共同鉴赏和剖析制作笔筒的步骤和方法，并交流其造型、材料、功用等特性，掌握笔筒设计的基本原则，为学生接下来的产品设计制作打好基础，从而启发对学生产品设计制作的兴趣。

【设计意图】通过欣赏精美的创意笔筒，充分调动学生的研究兴趣，使学生更清楚本节课程的目标，也展现学生劳动技能教学和研究性学习的有机融合，为学生以后的创作设计打好基础。

环节二：观察笔筒，探究制作步骤和技法

第一步，把纸筒根据需要剪成高低不同的几个筒。剪或切的过程中务必注意安全，并将边缘裁剪光滑一些。

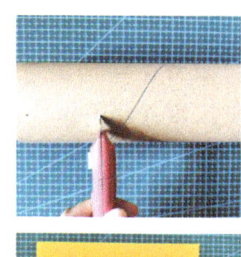 

第二步，剪出尺寸适当的彩纸将纸筒包好后，用胶粘牢。胶水应抹得适中，粘住后要用手再压一压，务必要贴得紧密。

 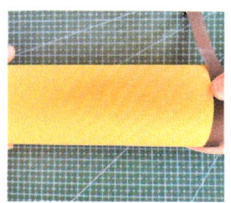

第三步，用彩纸剪出不同的图案粘贴到笔筒上或用彩色笔直接绘出喜欢的图案。对笔筒加以装饰时，图案要简单、漂亮。

【设计意图】自主探索是本节课程的重要教学内容之一。做一个创意笔筒必须经过什么过程、使用什么技术，由教师引导学生完成操作。采用"联系以往产品设计制造经历"的方法，观察笔筒、拆解笔筒，引导学生合作探索来解决实际问题，调动学生已有的物品设计经历，从而带动学生在实践中学习，在应用中掌握，从而达到本节课程的教学目标。

设计思想

从引发学生的学习兴趣到学生课后主动探索的前提条件是搭建好教学发展的"触点"，通过了解笔筒的发展历史，使学生深刻体会中华民族历史的博大精深，从而激起学生的民族荣誉感。

收获与总结

利用现有的废旧材料，制作实用的笔筒，并加以美化和加工，经过本节课程的练习，学生可以感受到废旧物品利用的妙处，并总结制作笔筒的方法和技巧。

拓展与创新

笔筒，物如其名，即放笔的容器，所以人们常把它叫作"水墨纸砚"之外的"文房第五宝"，表明其是书房中的必要用品。笔筒大概产生于明朝中晚期，由于其使用方便，所以迅速流行于世界，时至今日仍盛而不衰。竹、木、陶瓷、漆器、玉器、象牙、紫砂等均为古代中国文人书案上的常设用品。在古代，笔筒因其所体现的文艺个性和较高的文学品质，而深受文人墨客的喜爱。

笔筒的制作方法及材料的不同，使绘图技巧得到了更充分的表现。20世纪初期，中国江西省景德镇市的瓷绘艺术家对中国传统粉彩绘画进行了改革，利用传统粉彩原料在陶瓷上描绘中国画，逐渐形成了以"珠山八友"为代表的中国瓷画风格。

精巧的笔筒显示了较强的美术个性和较高的品质，备受文人喜爱。朱彝尊曾写有《笔筒铭》，云："笔之在案，或侧或颠，犹人之无仪，筒以束之，如客得家，闲彼放心，归为无邪。"由此可见，每当写作之际，若把一雅致的笔筒放在纸笔之前，或许就可以平复浮躁的思想，并安心于笔下的文章。

神奇的彩泥

课前思考

彩泥是学生日常生活中经常接触的一种益智玩具。本节课程通过引导学生利用彩泥捏、搓、团、揉、堆等制作方法表现生活中有趣的事物,体验彩泥造型活动的乐趣,提高学生观察能力、想象力、动手能力和创造力。

活动目标

(1)了解各种彩泥的特性及保存方法。
(2)基本掌握彩泥的造型方法与步骤。
(3)进行彩泥造型创作实践,提高学生想象力、动手能力和创造力。

实践探索

教师准备彩泥的造型图片、不同制作手法的视频,让学生初步了解彩泥。

材料准备:各种颜色的彩泥。

环节一:激发学生兴趣

教师拿出提前准备好的彩泥造型让学生们欣赏,并分别说一说是什么造型,初步激起学生的兴趣。提问:是用什么材料、什么方法制作出来的?

学生自由讨论发言,激发学生探究的欲望和制作的积极性。

环节二:探究彩泥造型方法

彩泥的基本造型方法有团圆、搓条、捏扁、黏合。

教师引导学生探究彩泥造型方法。

环节三：学习制作一个彩泥花草

（1）揉一个圆球作花蕾，捏多个单片作花瓣，由内向外一层一层捏合成花朵。

（2）搓一个长条并将其捏扁合拢成花叶形状。

（3）将花朵与花叶捏合并加个底座。

（4）重复制作多个花朵、石头和草丛，组成一定的情景。

环节四：大胆创作，互评分享

教师鼓励学生大胆创作，制作出不同的形象。
学生展示作品，进行互相赏评，分享不同的创作思路。

收获与总结

通过本节课程学生学会了泥塑的基本造型方法，并且能够用彩泥制作不同的造型形象。在学生制作时教师需要提醒学生注意颜色的搭配要得当、造型要分清主次。

拓展与创新

教师鼓励学生回家观察一下家里还缺少什么东西，并尝试捏一个。用勤劳的小手来丰富自己的家。

巧系鞋带

📖 课前思考

小学低中年级的劳动教育实施途径主要是生活劳动教育,从学生个人生活起居入手,培养学生的劳动价值观,使学生养成良好的劳动习惯、掌握一定的劳动技能。在任教四年级时,无意中发现有个男生不会系鞋带,通过调查问卷,本年级225人,不会系鞋带的同学占66%。落实劳动教育刻不容缓。

🎯 活动目标

(1)使学生掌握双头打结法、互掏双头法等基本技法。
(2)明确评价标准,使学生能够自评、互评。
(3)培养学生的劳动价值观,懂得劳动创造美,用双手创造幸福生活。

📖 实践探索

准备:教师提前做好鞋板,学生都穿系鞋带的运动鞋。

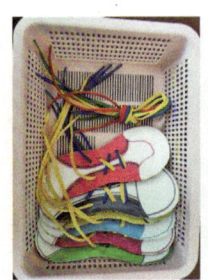   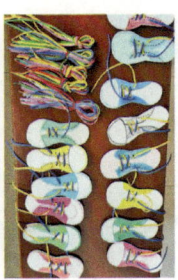

环节一:创设真情境,兴趣导入

播放本班学生因不会系鞋带而穿着开了鞋带的鞋跑步、走路的

第一章　走进日常生活劳动

生活场景及对学生的采访视频。讨论怎样才能系好鞋带，明确系好鞋带的标准：美观、牢固、易解（不能打死结）、安全（鞋带长度不能超过鞋底）激起学生探究的欲望。

环节二：生活技能测试，掌握看图法

每组选出一名代表，参加系鞋带比赛，根据评价标准对各小组分别进行评价。

得分最低者谈一下遇到的困难。

得分最高者演示系鞋带的方法。将其技法，变成图纸。

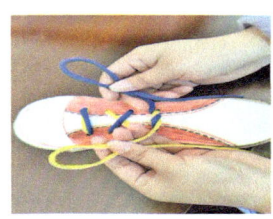 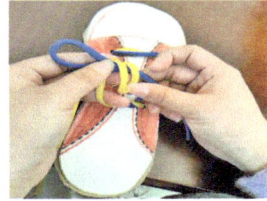
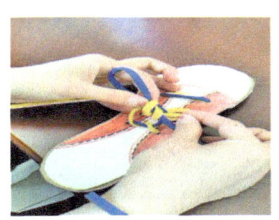 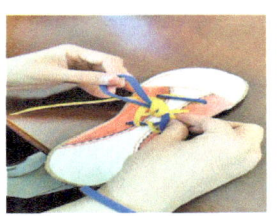

 **新时代** 农耕劳动教育实践

根据图纸来讲述双头打结法的步骤：捏—绕—掏—拉。

小组合作探究。根据步骤，小组内再用双头打结法系鞋带，先完成的同学帮助其他同学，并组内相互评价，组长汇报掌握情况及遇到的困难。

环节三：巩固看图法，创新技法

师生擂台赛：选出系得最快最好的学生，师生同时比赛，引出新的技法——互掏双头打结法。

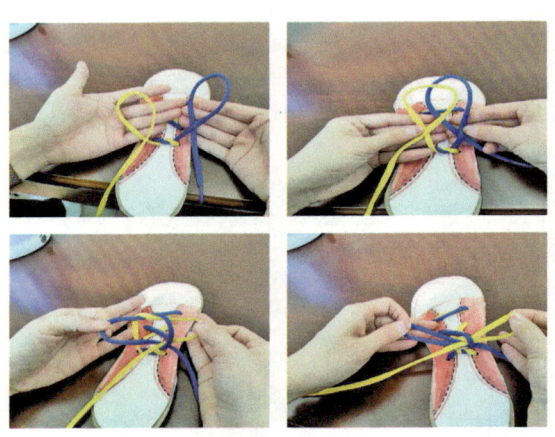

第一章 走进日常生活劳动

小组内根据图示探究技法,并尝试操作。
小组间交流汇报遇到的技术难点。
看视频,掌握技术要领。
小组内实践操作,互助完成。

拓展与创新

　　生活中很多地方用到看图法,学会看图法可以优化生活。小小鞋带可以神奇变化,可以有多种系法。这些方法在生活中用途广泛,可以用来美化生活、装饰生活。

花式系鞋带

📖 课前思考

近些年来，随着生活水平的提高，越来越多的人开始注重个人形象问题，小到鞋带，大到搭配，都格外注意。

运动休闲鞋因其百搭和舒适性为人们所喜爱，但是鞋带的系法都千篇一律。改变普通的鞋带系法可以让鞋带成为鞋子的亮点，时尚的运动鞋系法不仅能让鞋子穿出不同的风格，更可以让普通的鞋子成为百搭的流行鞋子，任何时候都不用担心会落伍。鞋带的花式系法也是多种多样的，下面就从拉链式系法、五角星系法、七孔蝴蝶结系法、六孔网格式系法、平直系法来开启花式鞋带的奇妙之旅。

📖 实践探究

准备：鞋子、鞋带（最好为不同颜色）。

环节一：拉链式系法

（1）首先，从第五孔开始系鞋带（从鞋头开始是第一孔，下同），注意要把第六孔留出来，拉直对齐鞋带的两端。

（2）然后，将一侧鞋带从外向内穿入第四孔，外面要留有一个手指的缝隙，再从第三孔穿出，再穿入第二孔，从第一孔穿出，另外一侧也是同样的步骤。

（3）捏住一侧鞋带的头从另外一侧留有的两个孔中穿出，再从对面一侧留好的第六孔中穿出。鞋子两边的步骤相同。

（4）使鞋带形成交叉重叠的样子。

（5）最后，拉紧两端的鞋带，在末端打上一个蝴蝶结就完成了简单漂亮的拉链式系法。

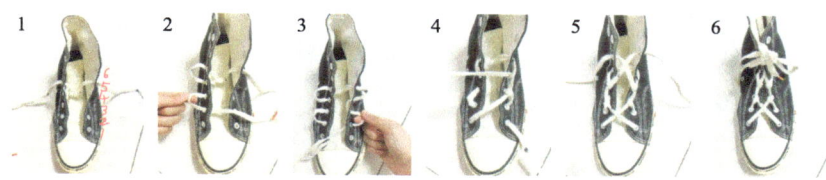

环节二：五角星系法

（1）首先，将鞋头朝向自己，将鞋带其中一头从鞋尾右边的第一孔由内而外穿出（留出打结部分），再将另一头从第二孔穿出。

（2）然后，将鞋带（短的那部分都无须再动，本环节后面提到的鞋带都指长的那部分）穿入左边第二孔再由内而外从第三孔穿出。

（3）接着，穿入右边第三孔，由内而外隔开第四孔从第五孔穿出。

（4）将鞋带穿入左边第二个横线的孔里，再由内而外隔开第三孔从第四孔穿出。

（5）穿入右边第三孔里，再由内而外从第五孔穿出。

（6）将鞋带从第一个横线处由上往下穿出。

（7）穿入左边第五孔内，再从第一孔内穿出。

（8）最后，打上一个蝴蝶结就完成了五角星系法。

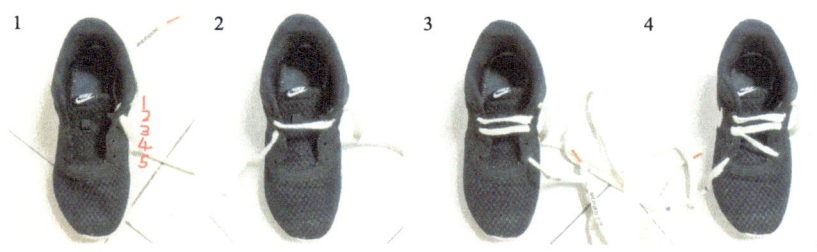

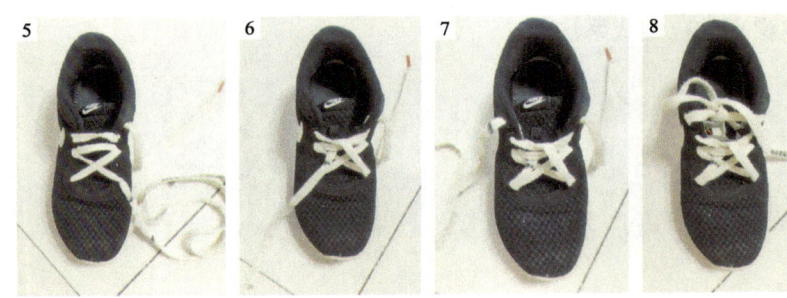

环节三：七孔蝴蝶结系法

（1）将鞋带从背面往上穿入第一排的鞋孔。
（2）将鞋带交叉并从正面穿进第二排的鞋孔。
（3）将鞋带从中间交叉穿到鞋头方向。
（4）将鞋带从正面穿进第三排的鞋孔，形成第一个蝴蝶结。
（5）将鞋带从背面穿进第四排的鞋孔（鞋带不要交叉）。
（6）将鞋带交叉并从正面穿进第五排的鞋孔。
（7）用（3）和（4）同样的方法，穿好第六排的鞋孔。
（8）用（5）的方法穿好第七排的鞋孔，打结固定完成。

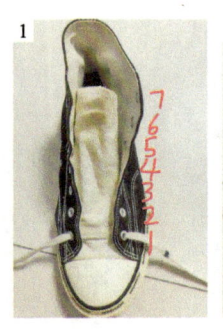
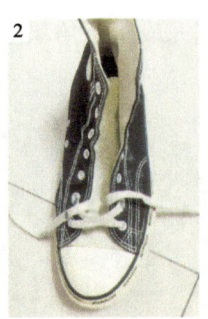

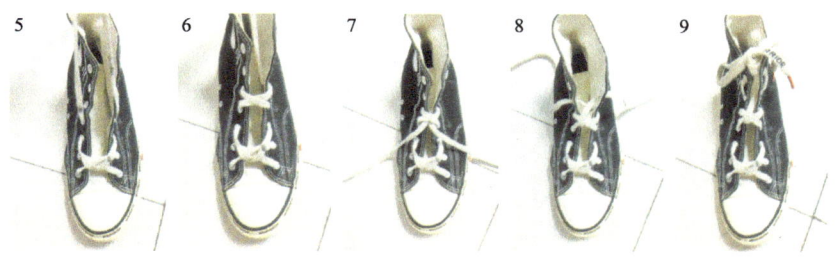

环节四：六孔网格式系法

（1）首先，让鞋带穿过第一排孔。

（2）拿住右边的鞋带穿到左边的第四孔中，由外而内地穿出。再由内而外地从左边第五孔中穿出，形成一个斜线。

（3）再穿到右边第二孔，由外而内穿出，再从右边第三孔中穿出，然后穿到左边第六孔中，这样形成三条斜线。

（4）拿起左边的鞋带，从第二条斜线下面穿出。

（5）穿到右边第四孔中，再由内而外地从右边第五孔中穿出。

（6）从第一条和第三条斜线的下面穿到左边的第二孔中。

（7）从左边的第三孔中由内而外地穿出。

（8）从第二条斜线的下面穿出到右边的第六孔内。

（9）最后，把鞋带放到里面就完成了六孔网格式系法。

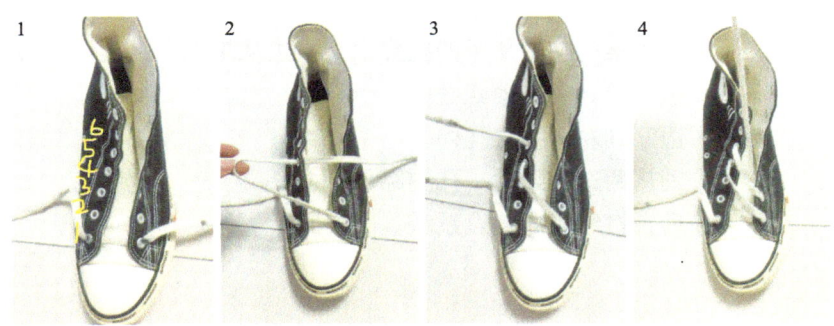

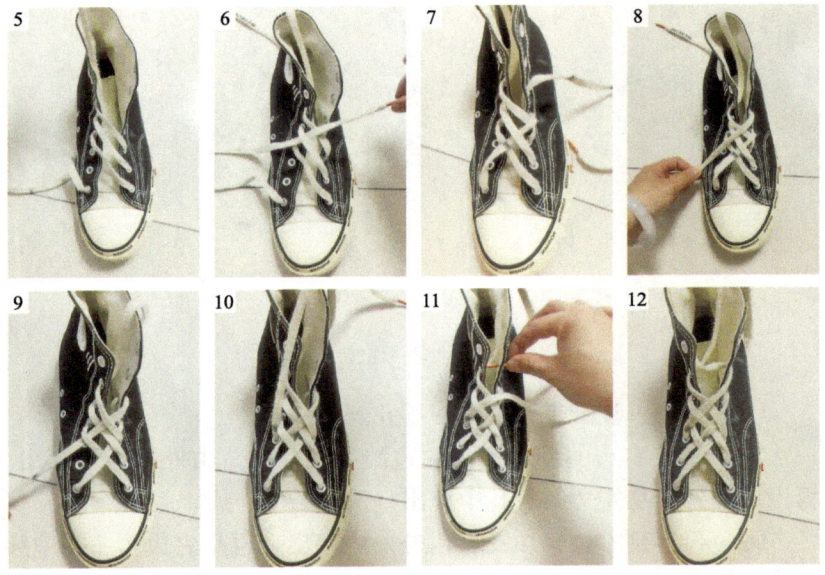

环节五：平直系法

（1）首先，从鞋头的第一孔开始，由外向内穿好。

（2）然后，右手边鞋带从右第二孔穿出，左边鞋带从左边第三孔穿出。

（3）右边鞋带穿到左边第二孔内。

（4）左边鞋带穿到右边第三孔内。

（5）以此类推，左边从第四孔穿出，右边从第五孔穿出。

（6）左边再穿到右边第四孔内。

（7）右边穿到左边第五孔内。

（8）分别从两边的最后一孔中穿出。

（9）最后，打结完成平直系法。

第一章 走进日常生活劳动

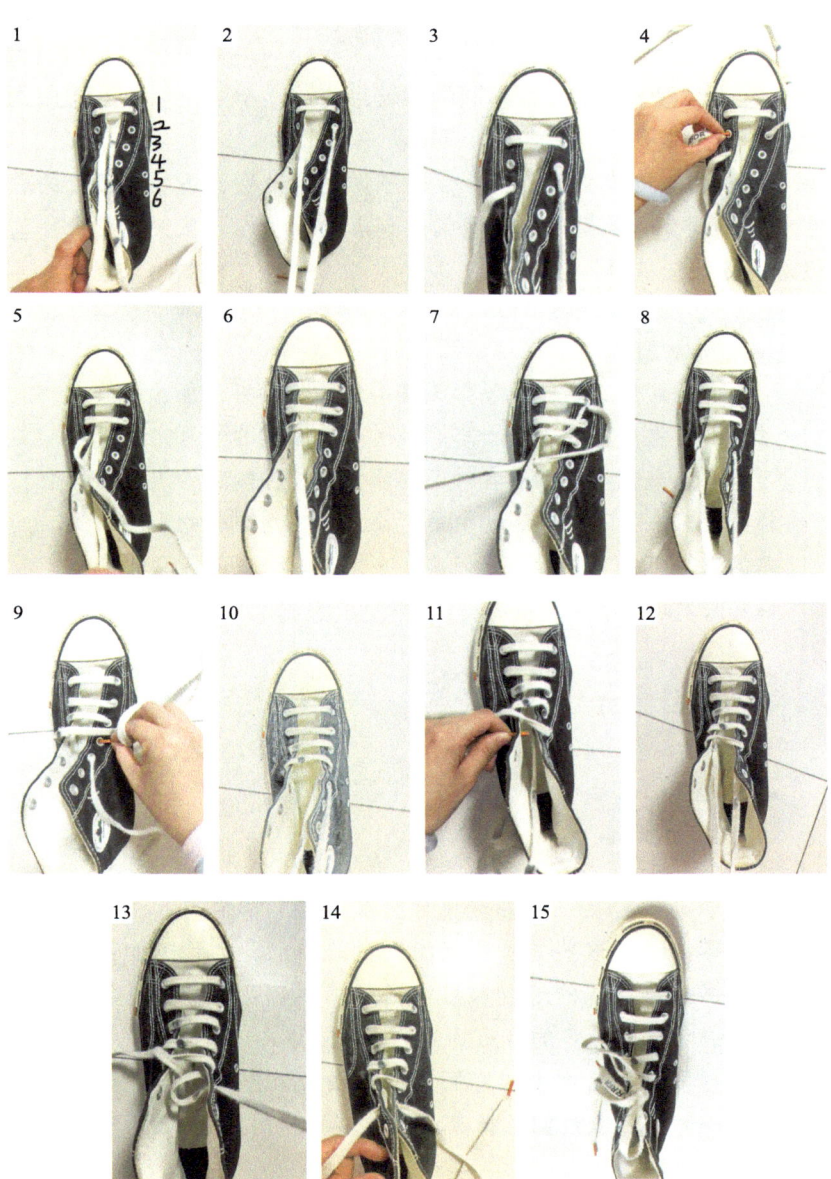

环节六：实践应用

本节课程学习了五种不同的系鞋带方法，学生可以灵活运用到生活中。

同学们可以发挥创造力，展现不同鞋带系法，用不同颜色的鞋带搭配不同颜色的鞋子，让我们的穿着更加个性，更突出青少年的青春与活力。

收获与总结

系鞋带可以说是几乎每天都会做的一件事，但大多数人从来没有在这上面花过心思。经过本节课程的学习，学生学习到了系鞋带也可以有各种不同的方法，并能带给人们不一样的美感。生活中并不缺少美，而是缺少发现美的眼睛。简单的系鞋带就可以带给人们这么多惊喜。让我们行动起来，一起来发现生活中更多的美。

拓展与创新

经过系统的学习与思考，学生了解到生活中到处都充满着美，需要主动去发现与探索。本节课程学习了花式系鞋带方法，这些方法不仅能用在鞋带上，生活中如包装袋、书包等有绳的地方都可以运用，学生可以发挥灵动的小脑袋去发掘更多的应用场景。

可以根据所学去探究双绳的方法，系出来的鞋带会更加缤纷亮丽。让我们发扬劳动精神，一起出发吧！

第一章　走进日常生活劳动

养成垃圾分类习惯

📖 课前思考

为营造良好的卫生校园和城市环境，通过提高学生的垃圾分类处理意识，使垃圾分类理念更加深入人心，培养学生环境保护与节能意识，扩大学生的社会责任意识。指导同学合理地投放垃圾，从而养成垃圾分类的好习惯。

实践探究

环节一：做调研

1. 调研内容

垃圾处理的类型、日常产生垃圾的处置方法、家庭日常垃圾处理所产生的资源消耗。

向学生介绍调研的具体内容和特点，组织学生探讨问题，并利用周末等较充分的时间分组开展活动。

2. 开展调研采访

各组成立志愿者小队，深入社会开展调研采访活动。

教师交代采访任务和要求。

（1）采访社区领导，了解小区生活垃圾的接收与处置状况。

（2）可以给社区负责人提供对小区垃圾分类及整理工作的看法与意见，并提供相应的推广方法。

（3）以小组为工作单元，将小区建立垃圾处理场所的方式，介绍给小区物业管理人员。

3. 探究垃圾处理方式

教师布置探究任务和要求。

（1）查阅环境统计资料，掌握因垃圾处理不当与处理得当所分别产生的环境变化。

（2）比较我国目前处置生活垃圾各种常用方式的优势与劣势。

（3）探究部分垃圾的经济用途与回收使用方法。

环节二：交流讨论

学生在教师的引导下展开互动，探讨此次实践活动中的成果与感悟。

情境性引入：乱丢垃圾的社会现象随处可见。

讨论一：随意倾倒垃圾会造成什么结果？

生活垃圾的危害性：强烈侵蚀耕地；污染土壤、地下水、空气等；更严峻的则是造成疾病传播。

讨论二：怎样降低生活垃圾的危害？

生活垃圾需分类处理。

环节三：垃圾分类

垃圾是放错了地方的资源。这也是联合国国际环保规划署领导、专家学者的经典论断。

1. 可回收垃圾

（1）纸类。主要包括报纸、期刊、图书、各种练习本等。要注意纸巾和厕所纸由于水溶性太强不可回收。

（2）塑料。各类塑料袋、塑料瓶、泡沫塑料、一次性塑料餐盒餐具、硬质塑料等。

(3)玻璃。一般包括碎玻璃片、热水瓶等（镜子是其他垃圾/干垃圾）。

(4)金属。主要包括易拉罐、罐头盒等。

(5)织物。主要包括已废弃的衣物、桌布、毛巾、鞋子等。

2. 厨余垃圾

厨余垃圾（上海称湿垃圾）包含余菜剩饭、碎骨、菜根、菜叶、果皮等食用类废弃物。经生态技术就地加工后堆肥，每吨可产出0.6～0.7吨的有机化肥。

3. 有害垃圾

有害垃圾主要包含对人类健康不利的重金属、毒性大的化学物质，以及对环境产生现实危险和可能危害的废弃物。包含电池、日光灯管、灯具、水银温度计、油桶、部分家电、过期药品及容器材料、过期化妆品等。此类废弃物一般通过单独处理或回收来解决。

4. 其他垃圾

其他垃圾（上海称干垃圾）则包括除以上几类垃圾外的砖瓦、瓷器、建筑渣土、卫生间废纸、纸巾等无法处理的垃圾和尘土、食物袋等。通过卫生填埋，可以有效地降低对地下水、地表水、泥土和空气的污染。

(1)大棒骨由于"难腐坏"被列为其他垃圾。玉米芯、坚果壳、果芯、鸡骨头等则为厨余垃圾。

(2)厕所用纸。厕所用纸遇水即溶，不是完全可利用的"白纸"，相似的产品有香烟盒等。

(3)厨余垃圾包装袋。包裹厨余垃圾所使用的塑料袋比一般厨余垃圾更难破坏。另外，塑料袋自身也是可回收垃圾。因此，正确方法应当是把厨余垃圾直接倒入厨余垃圾桶，将塑料袋另丢入可回收垃圾桶。

(4)果壳。在分类中，花生壳属于厨余垃圾。家中吃剩的废弃食用油，也归类在厨余垃圾。

（5）灰尘。在垃圾分类中，灰尘属于其他垃圾，但残枝落叶属于厨余垃圾，家里开败的花等也属于厨余垃圾。

环节四：活动延伸，养成好习惯

读书、学习时会节省每张纸和每支笔，并尽量减少垃圾的产生。用餐时也会多一些节约、少一些铺张浪费；尽量减少或不选择一次性用品。出门时常备购物袋，尽可能不使用塑料袋。在家时把生活废弃物分门别类，尽量地收集运用；对物资重复使用，以提高物资的使用效率。

收获与总结

垃圾分类，举手之劳，功在当代，利在千秋。通过垃圾分类能够大幅度地降低垃圾处理量增加所造成的环境污染，节省垃圾无害化处置经费，实现资源再利用，还能够培养学生的环境保护意识。传播垃圾分类的科普知识，增强全民环境意识，全面推广并实施完善的垃圾分类政策法规，努力构建绿色、和平、节约的城市。保护环境、珍惜资源，废弃物分类从每个人做起。

拓展与创新

垃圾分类给人们的日常生活带来了很大便利，请同学们行动起来，培养垃圾分类的好习惯，利用自己所学到的知识，争做环保小卫士，为祖国建设做贡献。学会垃圾分类，利用废弃物制作一件有意义的物品。

学会使用洗衣机

📖 课前思考

爸爸妈妈每天要上班，回家还要干家务活，如此辛苦啊！我们在家是否常常帮爸爸妈妈干些家务活？相信大家都做打扫卫生、洗衣服等力所能及的事情。由于科技的发展，有许多家用电器取代了手工操作，比如电饭煲、洗衣机、扫地机器人等，这节课程将学习如何使用洗衣机。

📖 实践研究

环节一：小组讨论

（1）出示家庭中常见洗衣机图片。
（2）请学生介绍洗衣机洗衣服的操作程序。
（3）小组内讨论与记录洗衣机洗衣服的操作程序。
（4）小组间交流反馈讨论结果。

环节二：共同探究洗衣机的操作程序

1. 了解洗衣机

播放介绍洗衣机的视频，引导学生了解洗衣机的工作原理，认识洗衣机各部分的名称。

刚才我们都讲了自己在生活中洗衣服的步骤，接下来我们细致探究洗衣机的操作程序。

2. 学习使用洗衣机的方法

刚才我们了解了洗衣机的很多知识，你们能谈谈日常生活中使用洗衣机的方法和步骤吗？

第一步应该是接通电源（课件演示、现场操作）。

在接通电源时要注意什么？应保持插头与手的干燥，以防止触电。

第二步是放入衣服（课件演示、现场操作）。

把衣服放入洗衣机前，又要注意什么呢？一是按衣物洗涤标志区分手洗和机洗。二是将衣服进行分类后放入洗衣机。例如，区分白色

与深色衣服、内衣和外套、不同面料的衣服（如羊毛化纤）等。三是将适量分类好的衣服放入洗衣机，一次性不能直接放入太多的衣服，一定要严格按照洗衣机的容量设计要求放入。四是清除口袋或衣物中的任何异物，以防止损坏衣物或洗衣机。五是对于有长背带和拉链的衣服，系好背带并拉上拉链。

现在我们已经把衣服放进洗衣机里了，接下来我们该做什么？

第三步是加入适量已溶解的洗衣粉或洗衣液（课件演示、现场操作）。

添加多少洗衣粉或洗衣液为适量呢？根据洗衣粉或洗衣液的包装袋上的推荐量添加。

怎样才算溶解，也就是说放入的洗衣粉或洗衣液有什么具体要求吗？

在加入适量的溶解洗衣粉或洗衣粉后，采取最重要的步骤是选择合适的洗衣程序（课件演示、现场操作）。

合适的洗衣程序非常重要，你们认为洗衣程序的主要内容包括什么呢？适当的洗涤方案是指为不同织物配备不同的洗涤方案，最常见的洗涤方案包括棉、麻、化纤、牛仔等。根据自己衣服的多少决定注入多少水，

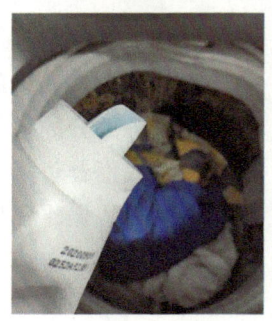

进行设定。

最后一步是启动洗衣机。

当我们启动了洗衣机后,接下来洗衣机正常工作了。直到我们可以听到洗衣机的蜂鸣声提示洗衣结束,将衣服挂出去晾干就可以了。

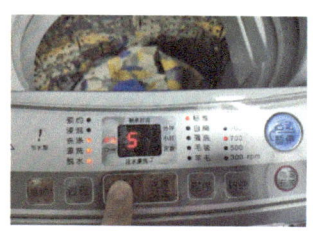

经过演示和操作,同学们对洗衣机的操作程序有了详细的了解。接下来介绍洗衣服相关的其他专业知识。

其实在使用洗衣机洗衣服的时候,还有许多知识需要掌握,在上面的洗衣步骤里也已经讲到一些。接下来做一个生活调查,以加强学生的理解和记忆。

你们会填这张表格吗(通过课件向同学展示表格)?

项目	洗涤剂	洗涤方式	注意事项
羽绒服系列			
真丝系列			
羊毛系列			
……			

那另一张表格你们也会填吗(通过课件向同学展示表格)?

标准	洗衣机种类	汉语拼音字母表示	特点
自动化程度	普通型洗衣机	汉语拼音字母(P)表示	价格低,效率低
	半自动型洗衣机	汉语拼音字母(　)表示	
	全自动型洗衣机	汉语拼音字母(　)表示	
	……	……	……
洗涤方式	波轮式洗衣机	汉语拼音字母(B)表示	磨损率高,洗净度也高
	滚筒式洗衣机	汉语拼音字母(　)表示	
	搅拌式洗衣机	汉语拼音字母(　)表示	
	……	……	……

新时代 农耕劳动教育实践

使用洗衣机时，在操作上有哪些注意事项？
你们知道怎样使用洗衣机最节水吗？

收获与总结

通过本节课程的学习，学生懂得了如何使用智能洗衣机，引导学生课后要用洗衣机洗衣服，这样既掌握了所学的知识，同时也尽了自己的一份孝心。洗衣机是常见的家用电器，家里除洗衣机外，还有其他家用电器，如冰箱、电饭煲等，引导学生像学习使用洗衣机那样正确使用其他家用电器。

第一章　走进日常生活劳动

制作风筝

🍃 活动背景

部编教材五年级下册语文第二单元《红楼春趣》的学习中有这样几处描写。"丫头们听见放风筝，巴不得一声儿，七手八脚，都忙着拿出来：也有美人的，也有沙雁的。""宝琴叫丫头放起一个大蝙蝠来，宝钗也放起个一连七个大雁来，独有宝玉的美人儿，再放不起来。"

当学生读到这里时，直播群的氛围顿时欢腾起来，这一刻大家仿佛穿越回大观园，兴高采烈地放风筝。又是一年三月三，风筝飞满天。虽然因为疫情学校没能正常开学，但是仍然阻挡不住学生对春天的向往。

【设计意图】大家讨论决定，开展以"风筝"为主题的项目式实践活动。本节课程是"制作风筝"，锻炼学生的动手实践能力，培养学生的创新思维。在小组的合作交流中，培养学生的沟通能力、表达能力和团结协作的能力。

◎ 活动目标

（1）汇报交流风筝的有关资料，了解风筝的起源、发展、文化和种类。风筝起源于中国，是一种历史悠久的民间玩具，凝聚了民间艺人的聪明才智，承载了中国的文化。

（2）通过动手初步学习风筝的扎、糊、绘、放的技能，设计制作出自己喜爱的风筝。

（3）通过制作和放飞风筝，培养学生的动手、构思、合作、沟通、表达、反思及审美能力。

（4）体验动手做一做、动脑想一想、动嘴说一说、动笔写一写的快乐。

实践探索

教师准备：制作好的风筝、视频、课件。

学生准备：纸张、竹片儿、彩笔、剪刀、胶水、风筝线轴。

环节一：汇报交流

学生首先以小组为单位，对所探究的风筝相关问题进行汇报。在分享过程中，了解风筝的起源、发展和文化。

【设计意图】学生围绕风筝，提出自己感兴趣的问题，通过查找资料、调查访问等方式，寻找答案，最后以手抄报、绘本等方式呈现。

通过分享交流，学生了解了风筝的起源、发展、文化、种类和飞翔的原理，甚至有学生谈到了无风飞翔和风筝成为非物质文化遗产的相关知识。更激发起学生制作风筝、放飞风筝的愿望。

第一章 走进日常生活劳动

环节二：线上讨论、积极准备

拿出准备好的风筝，让学生观察。介绍做风筝所需要的材料及风筝制作方法（播放视频）。

共同交流制作风筝的材料及步骤（微信群、钉钉群等），并填写活动方案。

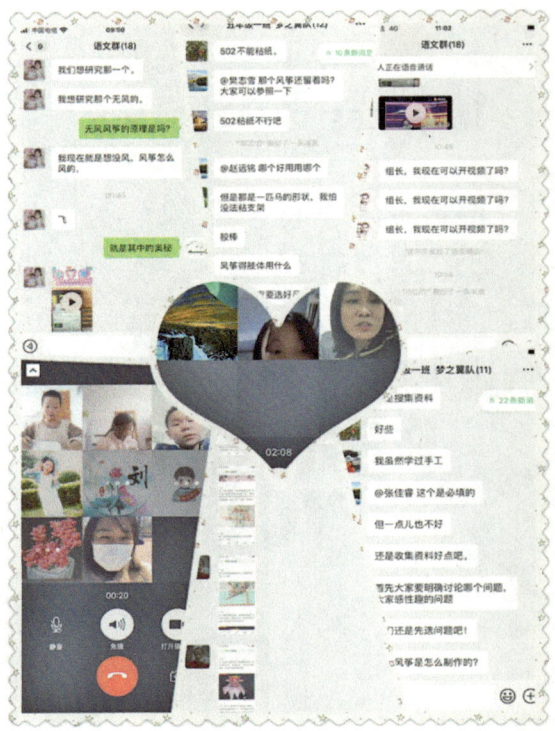

_____活动方案

（设计与制作）

年　月　日

作品名称		
作品含义		
设计者（或小组）		
活动准备	所需工具和材料	负责提供者
预设草图	稿一：	稿二：
制作步骤及注意事项		

环节三：动手实践、制作风筝

学生亲自动手制作风筝、放风筝。

环节四：评价反思

学生在放飞的过程中遇到了新的问题，产生了新的思索，教师适当点播引领，进行深度的思索与探究。

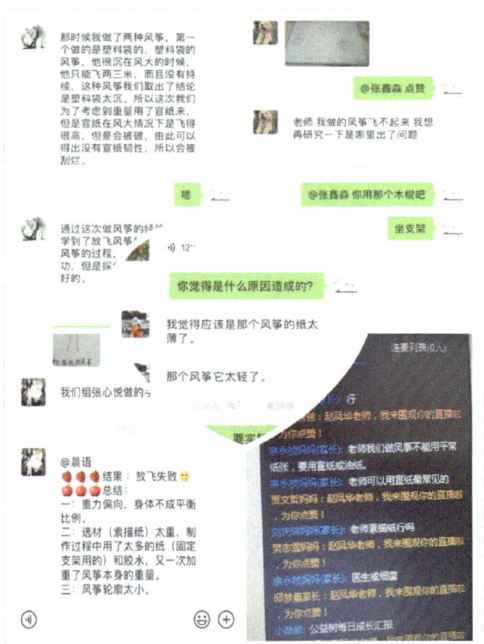

 新时代 农耕劳动教育实践

叠衣服

📖 课前思考

本节课程主要通过叠衣服活动,引导学生对具体的物品进行分类整理。让学生能比较直观地认识物品分类。所安排整理的物品都是学生经常接触的,学生在进行整理时容易产生亲近感,有利于提高学生的学习兴趣。通过本节课程让学生体会生活中处处有学问,养成有条理地整理事物的习惯。

进入小学后,学生逐渐从老师、家长的小跟班变成了小大人,更愿意主动当大人的小帮手,并从中体会劳动的快乐。为了让学生养成良好的收纳习惯,设计了本节课程。

📑 实践探究

环节一:比图片,出示课题

1. 比图片,谈感受

教师展示两幅图片,让学生观察比较。请学生说出喜欢哪一张,并说出原因。

第一章　走进日常生活劳动

【设计意图】通过比较，提高学生的观察能力、语言表达能力，同时提高学生的审美能力。

2. 出示课题

教师引出本节课程内容，学习动手整理自己的衣物，做一个整理小能手，出示课题——叠衣服。

环节二：出示目标，课前准备

1. 出示目标

通过这节课学习希望学生掌握衣服的整理方法，也学会为家人做一些力所能及的事，养成爱劳动的好习惯。

2. 检查上课准备情况

教师检查学生所带物品，如袜子、内裤、外套、长袖、短袖等。

学生将所带物品摆放到桌面上，观察摆放情况，是否有的同学摆放整齐、有的同学摆放零乱。

环节三：学习袜子和内裤的收纳方法

1. 教师播放视频

教师播放轻松收纳袜子和内裤的视频。

2. 做一做

教师布置任务，让学生尝试动手做一做。

学生练习，教师个别指导，助教辅助。

3. 教师示范

教师亲自做一遍示范。

学生个别再练习。

环节四：学习外套的折叠方法

1. 教师示范

教师边说边做，逐句讲解叠衣服的要领。

首先要把衣服铺平，你们要认真看、仔细听，因为我在叠衣服的时候还配有一首好听的儿歌呢。

两扇大门关一关、两只手臂抱一抱，点点头弯弯腰，两只手臂抱回家。我的衣服叠好了。你们看清楚、听清楚刚才儿歌里都说了什么？

两扇大门关一关——我们在叠衣服的时候"关关门"，一定要把衣服下面的两个角对齐，这样才能关好门。我们可以不拉拉链、也不系扣子，这样下次穿衣服的时候就比较方便了。

两只手臂抱一抱——我们一定要把两只袖子对齐，再向胸前抱在一起。

点点头弯弯腰——把衣服的上面与下面对齐。

最后一步，两只手臂抱回家——我们要双手从两边握住叠好的衣服摆放到固定的地方。

2．跟着视频练习

教师布置任务，让学生拿起外套跟着视频练习。

学生边跟读儿歌，边练习。

3．学生展示

教师请两名做得又快又好的同学示范。

4．相互帮忙，老师纠错

教师和学生用语言提示一步一步叠衣服。

5. 集体做一做

教师布置任务，所有学生一起动手试一试。

环节五：学习长袖和短袖的折叠方法

1. 鼓励学生自己练习

教师请学生拿出所带的长袖，引导学生直接上手练习。

2. 看视频，自己学习

教师播放一段视频，让学生对比自己的叠法，看看有没有需要改进的地方。

学生看视频，改进方法。

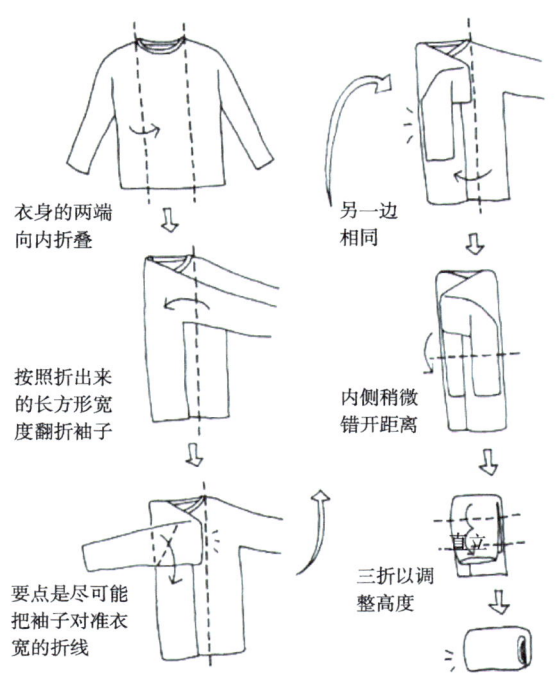

3. 融会贯通，学短袖的折叠方法

教师引导学生根据长袖的折叠方法，试着叠短袖。

环节六：劳动技能比拼

教师布置任务，并宣布比赛规则。

我们现在来一场别开生面的叠衣服比赛吧！

学生分组进行比赛。由学生推举小评委上台打分。教师宣布比赛结果。

收获与总结

通过本节课程学生都学会了叠衣服，今后要学会自己的事情自己做，在家里帮助爸爸妈妈做些力所能及的家务活，提高生活自理能力。让我们从身边的小事做起，养成好习惯，成就精彩人生。

开展这次叠衣服课程非常有意义，对培养学生的自理能力和独立意识都有很大帮助。学生在比赛时，每名学生都积极踊跃，大胆展示自己的才能，把学生分成男生、女生两队，一声令下，一股紧张的气息扑面而来，参赛的学生都绷紧了自己的神经。学生紧张而有序地操作着，谁也不想落后。比赛中，有的学生表现得身手不凡，动作迅速灵活，很快就叠好了衣服，并摆放整齐。

拓展与创新

本节课程主要展示的是学生学会叠外套、长袖和短袖，难点是叠衣服的速度，重点是学生如何将衣服叠得整齐美观。

本节课程创新部分是举行了劳动技能大比拼——叠衣服比赛，通过竞赛的方式提高了学生叠衣服的能力，使学生获得了荣誉感，体会到了劳动的乐趣。

第一章 走进日常生活劳动

包书皮

🍃 课前思考

新书干净、整洁，可是用久了，就容易破损，如何才能更好地保护书本呢？自己的事情自己做，让劳动意识根植于学生的心里。于是，借开展包书皮活动，让一年级的学生自己动手，为书本穿上结实又好看的"纸外衣"，借此让学生明确劳动教育可以让生活更美好。

◎ 活动目标

（1）在教师的引导下学会自己动手包书皮。

（2）通过包书皮，培养学生动手能力、实践能力和团队协作能力。

（3）以包书皮为契机，让学生感悟劳动带来的乐趣，培养学生积极劳动的态度。

环节一：课程导入，书本魔术大变身

教师通过特色的纸包书皮展示，鼓励学生自己动手，享受乐趣。

同学们，把你们的语文书都拿出来，好，举得真高。小组内的同学相互看看有什么不一样？

书皮不一样，是啊，我来挑选一本变个魔术好吗？

谁的坐姿最端正，老师就选谁的。

大家都坐好了，你做得最端正，请你来。

瞅瞅，看看，我们换换……

哦，书怎么样了？换样了，喜欢吗？

大家想不想尝试着做一做啊？

环节二：探究使用材料及制作步骤

教师引导学生小组内讨论包书皮所需使用的材料和包书皮的步骤。

同学们，想不想知道它是怎么来的？嗯，又需要解密小钥匙了。

请同学们齐读口令，获取小钥匙。

口令我会听，说停就坐正，
工具摆放齐，不用我不动，
用完送回家，摆放有秩序。
刀具有危险，用时需小心，
垃圾及时收，下课桌面净。

教师请学生结合自己包书皮的经验和口令的操作步骤，小组内交流，每个人都发言，把大家都想到的材料和操作先记录下来，不一样也可以说一说，看看谁的猜测更准确。

小组同学代表发言，介绍包书皮所用的工具和步骤。

环节三：自己尝试，验证结果

教师给学生分发资料包，小组内相互帮助共包一本书皮。完成的小组获得新的资料包（每人一张书皮）。

对比不同作品，发现问题，确定步骤。

完成的小组将作品摆放展示，大家一起看一看，有什么不一样？都有哪些问题呢？可能存在包得不平整、不结实等问题。

请做得好的小组代表介绍他们的步骤。

（1）根据口令提示，共同总结操作步骤：对折、压痕、剪口、包边。

（2）需要注意剪口的大小、包边顺序及折痕处的预留空间等。

优秀学生展示作品及点拨后，教师引导学生要包得漂亮、结实。

请学生按照正确步骤及提示，继续完善自己的书皮。

小书皮，大作用。学生可以用好书皮的宣传和美化作用，让书皮发挥更大的作用。打开想象的翅膀，制作属于自己的个性书皮。

收获与总结

通过本节课程学生学会了包书皮，知道了书皮要结实、平整，书皮还可以漂亮，通过小组交流相互学习、共同进步。

其实，不管哪种形式的书皮都有它的价值，我们可以根据不同的需求来选择不同的种类，但只要我们喜欢去制作、去设计，那我们的生活就会更美好。

拓展与创新

双手可以创造更多的美好，教师鼓励学生课下自己去网络上查找更多资料，制作属于自己的完美之作，让它给书添一份美，给生活添一份新意。当然，还可以学习包其他东西，只要善于发现，生活处处有学问。

第二章 走进农业生产劳动

 **新时代** 农耕劳动教育实践

认识土壤

📖 课前思考

土壤资源是动植物赖以生存的主要条件,自然资源是人类赖以生存的最主要资源。来自中国各个地区的五种泥土铺垫在社稷坛中,东部为青色,南方为红色,西部为白色,北方为黑色,中间为黄色。不同土壤的颜色为何有差异?土壤是由哪些成分构成的?植被的生长发育为何离不开土壤呢?土壤关于我们人体的健康又有什么意义?研究关于土壤的问题,了解土壤的意义是非常有必要的。

📖 实践探究

环节一:观察土壤

1. 土壤的概念

土壤是指在陆地表面上具备相当肥力、可以生长植被的疏松表层。土壤的厚度通常从数十厘米至两米。

2. 土壤的组成

土壤主要由矿物质、有机质、水分、空气及土地自然生物等构成。最适合植被生长的土壤

固体物质占50%,其中土壤矿物质占45%,土壤有机质占5%;土壤空隙约占50%,是容纳水分和空气的空间。所有土壤生物都生存于土壤空隙中。

· 54 ·

3. 活动

（1）在户外找个天然土层剖面，然后拍照，并说明其中包括了什么土层？

（2）在学校附近随机挖取小块泥土，用手捏紧，可以看到体积发生变化，说明原因。

（3）取小块土样用手捏紧，感觉里面的含水量。一般是干燥、稍湿、润、潮、湿五级。

环节二：研究土壤的成分

经过刚才的观察活动，大家都对土壤也有了一定的了解，不过那时候还是凭肉眼或放大镜进行的初次观测。要想明白里面究竟有什么，还必须进行深入调查。

1. 实验材料

土壤样本（小土块）、白纸、放大镜、水杯、镊子、小木棒、水、小勺、铁板、酒精灯等。

2. 实验步骤

（1）将小土块放在水底，发现了哪些迹象？说明土里有什么？

（2）把土块混合后静置一段时间，在静候流程中用白纸覆盖着另一个土块，用手使劲捏一捏，如果白纸还不能取下去，白纸上发生了什么变化？说明土里有什么？

（3）查看静置后水杯中的状况，水里有什么？

（4）再取一个小土块，置于铁板上，首先扒开看一看，有哪些现象产生？然后再用酒精灯烧一烧，有哪些现象产生？

3. 注意事项

（1）土块要轻放。

（2）搅拌要彻底。

（3）静置后观察时，水杯也要处于低温静置不动的状态。

（4）工作始终要仔细，记录下每个步骤所看到的现象。

通过上述实验方法可观察到如下现象。

实验方法	观察到的现象
捏土块	手是湿的
把土块放入水中	有气泡冒出
搅拌水中的土块	土壤分成几层
烧土块	冒烟、有难闻的气味

经过上述过程,使学生明白土壤主要由空气、水分、沙子、泥土、腐殖质等元素构成。

环节三:研究土壤的种类

1. 观察颗粒大小

仔细观察 3 份土壤样品,首先看它们的粒径尺寸之间有哪些差异。

利用放大镜仔细地观察并汇报自己的发现,经过土壤颗粒大小的观察活动后,对土壤可以有更多的认识。

2. 比较沙土、黏土和壤土的渗水性

沙土、黏土和壤土的粒径尺寸都不同,当出现了下雨之类的状况时,它们的渗水性会不一样吗?

特别考察 3 种变数的限制。土壤的数量、注入水量及注入水的速率都要维持恒定。

选择 3 份截然不同类型的土壤,分别等速注入等量的水,观察水的渗透情况并测量最终的渗透水量。

第二章 走进农业生产劳动

经过实验我们知道,沙土渗水快,防水性能差,通透性能好;黏土渗水慢,保水性能好,但通气特性不好;而壤土渗水性能和保水性能居中,通气特性也居中。

收获与总结

通过本节课程,学生已经对土壤有了非常丰富的了解。了解了土壤的主要组成部分、土壤的种类。大自然是一本绚丽多彩的教科书,蕴涵着极其丰富的自然科学奥秘。每种土壤都有适宜生长发育的植物,植物也有适宜自己生长发育的土壤,最好的选择就是在适宜的土壤上培育适宜的植株,培养学生也是一样的。

拓展与创新

通过观察调查的情况,土壤中除上述成分外,还有什么成分?为了了解土地生态环境存在的实际问题,应该怎样保护土壤?了解泥土中有时存在的塑料袋、废电池等物质。思考土地被污染后会有怎样的影响,如何保护土地等。

认识蔬菜

📖 课前思考

本节课的目标是让学生了解蔬菜的分类，了解蔬菜中有什么营养，学会做蔬菜沙拉，并训练学生观察、实践、总结、汇报材料的能力，培养勇于思考、乐于动脑、勤于动笔的好习惯。掌握与别人进行协调交流，能运用小组合作共同顺利完成学习中的各项任务，培养学生在课堂中合理发表自身观点，认真听取别人意见的良好习惯，并在教学实践中，提高学生的动手能力、团队协作能力及人际交流能力。

📖 实践探究

环节一：我来说，你来猜

（1）身着橙袍、头戴小绿帽，坐在土里，呆头呆脑——胡萝卜。
（2）高架上爬秧结绿瓜，绿瓜顶上开满黄花——黄瓜。
（3）紫红藤，底下爬，藤上长绿叶，底下结红瓜——红薯。

环节二：蔬菜分类，我在行

根据食用部分的形态，可以把蔬菜（食用菌等特殊类型除外）划分为根菜类、根茎菜类、叶菜类、花菜类、果菜类等五类。

1. 根菜类
该类蔬菜的主要食用部分为肉质

根或块根,包括萝卜、胡萝卜、根用芥菜、豆薯等。

2. 茎菜类

这些蔬菜主要食用部分为根茎或茎的变态,包括马铃薯、莲藕、姜、茭白、竹笋、莴苣笋等。

3. 叶菜类

这类蔬菜的食用部分通常是枝叶或叶球、叶丛、变态叶等,包括小白菜、油麦菜、菠菜、结球生菜、大白菜、结球莴苣、大葱、韭黄、茴香等。

4. 花菜类

这类蔬菜的花蕾、肥大的花茎以及花球等通常是人们的食用部分,如花椰菜、西蓝花等。

5. 果菜类

这类蔬菜主要以嫩果或成熟期的果实为食用部分,如茄子、番茄、青椒、菜豆、毛豆、豌豆、黄瓜、南瓜、冬瓜、丝瓜等鲜食的瓜果类。

环节三：蔬菜营养，我知道

1. 蔬菜的自我介绍

胡萝卜：我是胡萝卜，我身体里面有大量的维生素，它对眼睛和肝脏有好处，还有大量的胡萝卜素。胡萝卜素具有补肝、明目的作用，因此长期吃胡萝卜能治疗夜盲症。

辣椒：因为我是辣椒，所以有的同学特欣赏我，有的同学特厌恶我，但我身体里可都是活宝，在天气凉的时候吃吃辣椒，也能够预防流感啊！

西葫芦：大家可别小瞧了我西葫芦，我营养丰富，清凉适口，我不但是蔬菜，有时还可入药，要是您牙痛就可以来找我降火。

番茄：我是酸甜爽口的番茄，我富含的维生素和矿物微量元素对心血管有防护功效，可以降低心脏病的发生概率，多食用我还可以抗老化，让肌肤保持白净、亮泽。

2. 如何才能减少蔬菜的营养流失？

（1）蔬菜买回来后要及时食用，以减少水分丢失。

（2）缩短蔬菜在室内空气中的暴露时间，土豆等去皮后，尽早食用，减少氧化时间。

（3）尽可能减少蔬菜在水中泡洗的时间，不要清洗太久，否则有些水溶性维生素会在水中流失。

（4）尽量少吃果蔬加工物，如蔬菜干、果干等，因为部分营养素缺乏，无法补足身体所需要的营养。

环节四：蔬菜沙拉，我会做

（1）把全部预备好的食材（黄瓜、番茄、青椒、生菜等）分开冲洗，黄瓜切段，番茄切块，青椒、洋葱切丝。

（2）将切好的食材混匀，放入碟子中备用。

（3）把全部的调味料（色拉油、盐、柠檬汁、蜂蜜）混匀，然后淋到菜上即可。

第二章 走进农业生产劳动

收获与总结

经过本节课程的学习，学生认识了常见的蔬菜，了解其营养价值，还会制作简单的蔬菜沙拉，知道蔬菜是自身健康成长的必需食品，而种类繁多、营养丰富的蔬菜为人们的身心健康提供了保障。

拓展与创新

相信有了这次和蔬菜的亲切交流，学生一定会爱上蔬菜，并了解蔬菜在生活膳食中的重要意义，把蔬菜变成生活饮食中日日不离的好朋友。倡议学生在保障自身身体健康的同时，也有义务把食用蔬菜的好处推荐给别人，并倡议学生在课下共同制订一个以"蔬菜伴我成长"为主题的倡议书，在学校里共同开展认识蔬菜、爱上蔬菜的推广活动。

饲养小动物

课前思考

饲养各种小动物也是广大小学生乐于从事的实践类活动，小动物往往可以带给小朋友一种同伴般的欢乐与安慰。通过本节课程活动，学生不仅可以积累一些饲养小动物的经验，同时会培养学生的生活乐趣、爱心与使命感。通过参加饲养各类小动物的教育实践活动，使学生得到积极有益的劳动体验。

实践探究

环节一：分组确定研究主题

根据个人兴趣及爱好，学生进行自由分组，确定研究主题。

汇报自己认为最有研究内容的学习主题，师生可共同交流探讨、归纳整理有关问题。

调查组：选择饲养的小动物一般需要哪些生长环境？我们在饲养这些小动物时应该注意些什么？我们如何正确地饲养这种小动物？

采访组：饲养这些可爱小动物你们的真正想法是什么？现在有规模的宠物养殖场为什么不大量饲养它们呢？小动物的生长规律有哪些？

根据个人喜好，确定研究主题。

（1）选择个人喜欢研究的内容。

（2）学生自主选择学习的知识、主题、任务是否完整可行，是否有能力和条件来完成。

（3）把研究同一学科主题的学生组成为一组，各组根据共同选择出的研究课题来探索研究方法。

（4）推举出组长，为适合自己专长的研究小组起一个响亮、好听的名字，组长负责记录研究小组主题。

环节二：小组合作，制订活动方案

小组根据动物饲养的环境与方法制订活动方案。

小组进行饲养小动物小调查。

在日常生活中，只有深入了解小动物的生存环境要求以及饲养管理方法等基本知识，才能够顺利地把各种小动物饲养成功。小组汇报调查资料，分享调查记录表。

动物饲养调查记录表

动物名称	饲养地点	饲养数量	饲养目的

环节三：课件出示饲养小动物的准备工作及注意事项

教师通过课件出示饲养几种小动物的准备工作及注意事项。

一、小狗的饲养

1. 准备工作

（1）为它装备一个"专属空间"——狗窝。选择好一个相对安静、舒适的小角落，放置一个温暖的小窝，铺上柔软的垫子。小狗需要有适合它生活的一个相对独立、舒适的小空间，那里很可能将是它睡觉或当它害怕时避难的场所。

（2）准备好它吃饭的"碗"，要做好清洁。准备好两个碗，一个装食物，一个装水。放置地点最好固定下来，保持采食区的清洁，食碗中添加至 2/3 即可。

（3）准备小狗牵引绳。建议用背带式的牵引绳。带狗出门散步时，一定要系上牵引绳，安全很重要。

（4）准备小狗的玩具。可以是发声玩具、球形玩具（不能太小，以免小狗吞食）、绳团玩具、磨牙棒等。

2. 养小狗注意事项

（1）选择小狗。首先要确保所选小狗是否合乎家庭的饲养条件，还需要确定小狗是否健康。

（2）喂食。小狗需要一个月大才能离开狗妈妈单独饲养，在它四个月大之前，必须每天吃四顿饭，保证它不被饿着。四个月后，小狗的饮食以清淡为主，每天喂食2～3次即可。

（3）大小便。几个月或半周大的未成年的小狗，一般很难控制自己的大小便，需要主人循序渐进、耐心细致地教导训练，它才能慢慢地形成一个条件反射，需要为小狗设置专门大小便地点。

（4）磨牙。小狗咬东西是因为长牙齿，可以挑选大小合适的磨牙棒，并且主人要多多陪伴，也可以准备一些小狗喜欢的小玩具，让它磨牙，但千万别把小狗关在笼子里，这样对它牙齿的发育不利。

（5）娱乐。小狗在小时候会特别的黏人，不要过于抗拒，尽量在回家的时候抽时间陪陪它，不要让它感到孤单。

（6）狗毛。建议大家不要在小狗换毛期剪光小狗全身的毛发，因为毛发对小狗娇嫩的皮肤也有保护的作用，只要不是发生皮肤病就不建议剪短。

（7）清洁。只要小狗平时看起来干净，身体没有异味，那就不需要经常清洗。一般来说夏天每隔3天清洗1次，冬天每隔10天左右清洗1次。清洗的时候要理顺小狗的毛发，轻柔一点。

（8）清理粪便。小狗的粪便要及时清除，做好消毒处理。

（9）疫苗的注射。定期注射疫苗，狂犬疫苗每年1次。

（10）生病处理。小狗生病了一定要去宠物医院及时就诊。小狗的忍耐力是很强的，如果小狗已经表现出来很不舒服，那么说明小狗的病情比较严重了。主人需要及时带小狗去宠物医院就诊，利用实验室诊断对小狗病情作出确诊，以免耽误病情。千万不能给小狗吃人类的药物。

特别注意：小狗不能吃生葱、洋葱、巧克力、葡萄等，小狗生病时不能打疫苗。

二、金鱼的饲养

1. 挑选鱼苗

优质的金鱼苗体型轮廓较为完整饱满，各条鱼鳍尾部轮廓较完整圆润，鱼体两侧对称。金鱼鳞片覆盖得比较丰满厚实，色泽也较为明亮鲜艳，成活率也是比较高的。

2. 选择容器

饲养金鱼比较常见的是水族箱。容器材料有陶瓷盆、水族箱、玻璃缸、小型养鱼池子等，金鱼可选择用浅盆大口容器饲养。

3. 水质处理

金鱼一般适宜生长的环境水温为20～28℃，pH值为7.5～8.5，饲养金鱼通常使用优质自来水，并且再经过24小时以上的时间暴晒，或者晾置2～3天，也可在水内适当加入一点小苏打以去除氯离子。

4. 搭配饲料

鱼属于杂食动物，因此要注意合理搭配食物饲养，不可喂食过于单一，动物性食物有红虫、鱼虫、水蚯蚓等，植物性食物有麸皮、豆饼、面条、米饭、面包、硅藻、绿藻、黄藻、芫萍、小浮萍等，还可喂食市场上现成的金鱼饲料等。

5. 注意事项

发现病鱼及时隔离分养。定时喂食，吃不完的食物要记得及时打捞，不然会造成水质的污染导致金鱼缺氧致死。

三、兔子的饲养

1. 兔子的食物

在兔子比较小的时候，最好选择一些比较好咬的食物，如草等，切记不要让它多吃含有淀粉类的食物，否则很有可能对它的消化功能造成很大的伤害。如果想要喂兔粮，最好等到它稍微大些再去喂，或者也能少量去喂些麦片，最好给它喝烧开的水，不能直接喝生水，以免出现拉肚子的情况。

2. 准备一些药物

兔子在成长的过程中很容易出现生病的情况，因此在饲养兔子时准备一些药物是很有必要的。兔子在很小的时候出现球虫病的概率比较高，应该多观察兔子情况，这样才能根据情况及时治疗。如果兔子没有生病，就不要给它吃药物了，以免对身体造成影响。

3. 适当进行活动

在饲养兔子的过程中，不能每天都放在笼子里面。通常来说，兔子早晨起来得比较早，还特别会闹腾，因此不要经常把它关在笼子里面，还是要让兔子适当进行活动，这样才能让它的身体变得更为健康。同时东西也不能吃得太多，以免出现肥胖的情况。

4. 注意事项

（1）保持环境卫生。兔子喜欢清洁干燥的环境，所以要保证兔舍清洁卫生，通风良好。每天必须清扫笼舍，用具、兔舍、兔笼应勤洗刷，定期用消毒药物进行消毒，垫草要勤清扫和更换，要及时清除它们自身排出的粪便。

（2）不要惊吓。兔子生性胆小，稍有动静，便能敏锐地察觉。在饲养兔子时，动作一定要轻而稳，同时应防止误伤生人或伤及其他动物。防小狗、小猫、鼠、蛇等进入兔舍。

（3）饲料以草为主，以料为辅。自制颗粒料或购买现成饲料容易导致病菌大量繁殖而产生内毒素，应谨慎采用。野生或种植料草柔软多汁，适口性好，消化率高，有利于粪便排泄，应为兔子主要食物。

（4）关注兔子健康状况。饲养过程中要经常观察兔子健康状况，早发现、早诊断、早治疗，患病的兔子要隔离饲养。

（5）兔子喜欢啃咬，在笼舍的设计上要加以考虑。要注意笼舍尽量使用兔子不爱啃咬的材料，以便延长使用年限。此外，要经常提供磨牙的条件，如在笼舍内多投放木棒或质地较硬的食物，供兔子啃咬，有助于饲料咀嚼和消化。

收获与总结

通过让学生养一只小动物，让学生学会分享，懂得感恩，遇事能够站在对方的角度去考虑，去分析。可以和家人一起来饲养小动物，体验人与动物的密切联系。

新时代 农耕劳动教育实践

拓展与创新

饲养小动物其实并非一件简单的事情,要用耐心、爱心、细心来照料爱护它们,同时又需要有科学、正确的饲养管理方式。

现在介绍一套饲养小仓鼠的科学方法。请学生以小组为单位课后制定一套满意的小动物饲养规划。

动物名称 仓鼠。
研究主题 观察、了解仓鼠的生活习性。
观察重点
(1)仓鼠最喜欢吃什么?
(2)仓鼠之间怎样传递信息?
(3)仓鼠生活习性。
饲养方法
(1)安家。仓鼠喜欢向上攀爬,铁笼子不要太高,笼子底部铺上麦秸、干草或锯末,以防跌落造成伤害。
(2)喂食。专用饲料、水果、鸡蛋、蔬菜等。观察仓鼠最喜欢吃什么。
(3)清洁。每天清洗食盆和给水器。每周更换1次笼底敷料,每月清洗1~2次笼子并消毒。
(4)夏季把笼子放在通风良好的地方,避免太阳直晒。
(5)观察。每天抽出一定的时间,观察仓鼠的外形变化和生活特点等,研究自己提出的问题,并作好记录。

种植多彩樱桃萝卜

🌱 课前思考

樱桃萝卜，是一种外形与樱桃外形相似的萝卜。樱桃萝卜乒乓球大小，迷你可爱，品种多，颜色非常丰富。组织学生种植樱桃萝卜既能提高学生的劳动技能，又能给学生带来享受，怡情娱乐，美化生活。

樱桃萝卜终年均可栽培，但是最适宜的栽培时间是每年的3—5月和9—10月。最适宜生长发芽的温度为15～30℃，樱桃萝卜发芽以后就可以移到日照较为充分的地方。樱桃萝卜最大的优势是在较短时间内就可以采收，通常是1个月左右。

📖 实践研究

环节一：土壤与容器

1. 土壤

樱桃萝卜的环境适应能力较强，对土质要求也不严。

深厚松软、保肥保水性强、排灌正常并且通透性强的沙质土壤能满足根系呼吸的需要。保证土壤水分渗透性良好，不会积水。

生长中的樱桃萝卜对土质营养的需求是相当大的，特别是对钾的需求最高，所以栽培过程中要提高钾元素的含量，其次是氮磷元素。

2. 常见容器及培养土

长形花盆，中间留出3~4厘米的灌水空间，倒入蔬菜用培养土。这有助于樱桃萝卜后期的成长。

环节二：播种与管理

1. 播种

在田间挖出一条条直的播种用的条状槽，若用长型花盆可画出两个槽，槽间隔保持在6厘米左右。

播种时，每颗种子间距1~2厘米，下种的时候尽量不将种子堆叠。为了防止土地干裂，发芽前可以在上面盖上一层报纸防止水分蒸发。

2. 管理

如果是在盆中栽培，播种后2~3天发芽，发芽后便可把盆移至日照较为充分的地方。

樱桃萝卜出苗以后，当子叶展开时要进行一次间苗。留下子叶正常的株苗，而剩余的小苗要及时清除，尤其是在出苗比较密集的地方。

真叶在长到3~4片时，及时定苗，苗间距为3~4厘米。

疏苗之后，再在植株四周加土，用来加强或固定植株。

樱桃萝卜在生长阶段要注意保持土壤湿度，既不可过干，也不能过湿，浇水量要均衡。

除草要及时，同时也应保持地面疏松，避免土壤板结，影响樱桃萝卜生长。

播种后约3周时，就施固态肥料，保持土壤的营养。

环节三：采摘

樱桃萝卜种植后 25～30 天（若温度低，时间会有所增加），当肉质根直径长到 2 厘米就可以进行采收了。采摘要及时，采摘过晚会出现纤维增多，产生裂根、糠心等情况。

收获与总结

通过本节课程，学生了解了樱桃萝卜的生长特点，掌握了栽培的基本环节和技术要领，学习了后期管理时需要注意的部分事项。希望学生能够在本节课程的学习中，充分感受种植与收获的乐趣。

拓展与创新

我们要用自己的双手创造美好生活，体验幸福有意义的生活。每小组分发10颗种子，种植在小组花盆中，坚持每日照管樱桃萝卜小苗，培养爱护植物的善良品质。

种植花生

📚 课前思考

现代社会的小学生,无论身在城市还是农村,亲近土地和大自然的机会很少,很多学生甚至不知道花生从何而来。本节课程让学生有机会走进农田,体验种植的乐趣,了解花生生长的一般规律,掌握种植花生的基本方法和基本技能,培养学生从小热爱劳动的意识和科学种植的意识,从而进一步培养学生勇于探索和解决问题的实践能力。

📖 实践探究

环节一:创设情境,导入新课

学过许地山的《落花生》后,我们知道花生生长在地下,不仅味道鲜美,能做成各种美食,还有很多优秀的品质。同学们对花生还有哪些了解呢?花生可以榨成油、做成各种花生糕点等。

同学们懂得真多呀,简直是农作物小达人!花生作为常见的农作物,它的用途是非常广泛的,老师也收集了一些图片,大家一起来欣赏一下吧!

课件出示花生的图片。

环节二：探究种植过程

引导学生一起探究花生的种植过程。

同学们，刚才我们说了那么多关于花生的知识，也了解了很多花生的用途，你们想不想亲手种下一颗花生呢？

那大家知道怎样种植花生吗？

首先由小组讨论花生的种植方法及注意事项，再由小组汇报，并请其他的小组做补充，最后由教师根据学生的汇报总结种植花生的步骤，并对种植过程中的注意事项做出强调。花生的种植总结起来共有五步。

第一步：选种。在选种时要选择果粒饱满有包衣的优质种子，挑出发霉长芽没有包衣的种子，优质种子有利于播种后快速发芽。

第二步：挖坑。先用锄头挖一个坑，然后轻轻刨去坑里多余的土，坑不用特别深，5～8厘米正适合，坑与坑之间的距离以20～30厘米为佳，这样在花生出芽后不会出现太过稀疏或者太过拥挤的现象。

第三步：施肥。施肥一定要控制化肥的用量，为了避免化肥灼伤手，施肥的过程一定要戴好一次性手套。

第四步：点种。把花生的种子放进坑里，注意一个坑里花生的数量不要超过3颗，过少可能会出现空坑位的现象，过多可能会在出苗后出现拥挤现象。

第五步：平沟。种子需要在土里才会发芽，土壤中含有丰富的有机质、矿

物质等,土壤还有保湿的效果。为种子轻轻地盖上土壤,有利于种子的发芽,需要注意的是土不要盖太厚,也不要盖太薄。

接下来,我们用几个字来概括一下花生的种植过程,谁能说一下?选、种、埋。

同学们真棒,不仅善于观察生活中的事,还能准确地总结。

环节三:实践尝试

同学们,陆游曾经说过"纸上得来终觉浅,绝知此事要躬行",我们虽然知道了花生的种植步骤,但如果不付诸行动,就等于是纸上谈兵。

由教师带领学生前往农田亲手种植花生。

(1)在农田劳动基地里,让学生依据刚才的讲解分组合作种植花生。

(2)教师巡视,对学生在种植花生过程中出现的问题进行指导,发现动手能力差的学生,要面对面地指导,并鼓励其增强自信心。指导学生合作互助。

(3)种植结束,请小组代表讲解一下本小组种植花生的过程,讲一讲种植过程中最成功的步骤,如果种植的过程中出现了错误也请讲一讲怎样发现的错误又是怎样改正的。

第二章 走进农业生产劳动

收获与总结

在本节课程里，小小的花生粒被精心地播种下去。一次成功的实践不仅需要仔细观察，还需要认真思考，更重要的是我们一定要动手去做一做。今天的花生种植非常成功，接下来我们就期待我们的花生快快发芽吧！

拓展与创新

花生属蔷薇目豆科一年生草本植物，中国花生分布很广，各地都有种植，主产地区为山东、辽宁东部、广东雷州半岛、黄淮地区以及东南沿海的海滨丘陵和沙土区。山东德州的土地非常适合花生生长，在农作物里大豆、蚕豆、豌豆、四季豆和扁豆等和花生的播种方法非常相似，在本节课程中学生不仅掌握了花生的种植方法和技巧，还收获了种植的快乐。在今后的生活中一定要时刻保持这种劳动精神，可以和爸爸妈妈一起尝试种植一下大豆。

种植大蒜

📖 课前思考

大蒜经我国大面积人工栽培推广及种苗繁育，具有抗癌增产等多重功效，深受大众喜食。大蒜在学生日常生活中可以看得见、摸得着。本节课程以大蒜种植为载体，通过亲手参与操作、亲身体验、亲历情境的基本步骤和实践手段，让学生在做中学、学中思。通过活动实践逐步加深自身对课程所学知识的正确理解，学会动手解决复杂问题的理念和方法。

📖 实践探究

环节一：猜谜语，导入课程任务

兄弟七八个，围着柱子坐，大了要分家，衣服都撕破——大蒜。

【设计意图】利用谜语，激发低年级学生强烈的探究兴趣。

教师拿出几头蒜，介绍关于蒜的知识，导入本节课程的任务，开展一节生动的劳动实践课：种植大蒜。

环节二：认识大蒜

教师出示幻灯片，学生观察大蒜由哪些部分组成？

学生汇报后教师讲解。

大蒜，外面通常长出一圈灰白色或带有淡褐色的薄鳞皮，剥去鳞叶后，内部生长有 6～10 个大蒜瓣，轮排簇生于花茎部的周围，生有极少数须根。

第二章 走进农业生产劳动

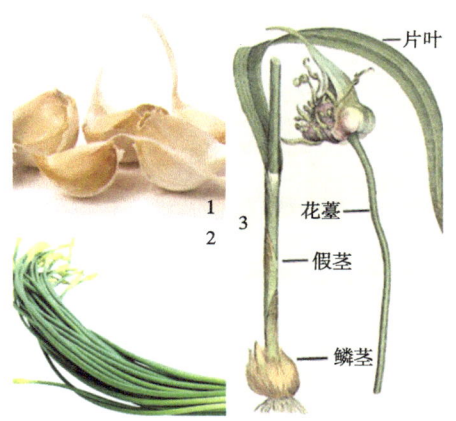

教师引用"种瓜得瓜,种豆得豆",提出疑问:是不是一棵蒜苗种了下去就一定会长得出蒜头来了呢?

不同意的说说理由:蒜头是长在土里的,一个蒜瓣只有一个芽轴,也就只能长出一棵苗来,刚开始,蒜瓣就作为养分被蒜苗吸收了,以后根部才会膨大,这还是一个整体,挖出来就得独头蒜,随之会出薹,就是吃的蒜薹,蒜薹是从蒜苗的中心抽出来的。这时下面就开始分瓣了,蒜瓣多少虽然不确定,但它们是被外皮包裹在一起的,瓣多瓣少都叫一头。

学生课前搜集信息,教师检查整理情况。

学生汇报搜集材料。

教师介绍蒜的品种。

共同讨论蒜的食用价值和药用价值。

教师适时补充。

环节三：探究种蒜方法

教师引导学生探究大蒜如何种植。

种蒜方法有两种。方法不同、大蒜生长的环境不同，收获大蒜果实的方法就相应有所不同。本节课程让学生自己先学习怎样在水中种植大蒜，使一年四季都可以吃到蒜苗。

指定学生到前边示范。其他学生在小组里操作。教师适时补充。

教师接下来要带领学生学习在土壤比较肥沃的地方种植大蒜。选择疏松和肥沃、掺杂了一些细沙质、比较通气的土壤，这样适合大蒜幼苗的正常生长。下面将以小组为单位来共同讨论种好大蒜的最佳实施方案。

第二章 走进农业生产劳动

学生汇报种植大蒜的实施方案,包括选种、挖沟、浇水、插蒜、埋土。

各小组成员分配任务。

环节四:实践尝试

学生拿着准备好的东西,开始动手在土壤中种植大蒜。

(1)学生排好队背诵着古诗来到绿色文明实践基地。

(2)教师演示种植大蒜的过程。

(3)教师强调种植大蒜过程中注意事项。一要人人参与,互帮互助;二要按程序规范操作;三要注意安全;四要注意卫生。

(4)学生分组种植大蒜。种植过程中教师适当指导。

教师示范刨土方法	教师讲解浇水方法	学生动手实践	学生种植大蒜

新时代 农耕劳动教育实践

收获与总结

教师请学生说一说种植大蒜后的心情，再谈一谈种植大蒜后的体会。学生谈劳动感受，教师表扬表现优异的学生，把工具收拾好，师生站队，对自己的劳动成果鼓掌。

学生以小组为单位做好观察和记录，把每天能够观察的所有情况记录下来。一段时间后，教师再组织学生一起分享大蒜生长过程的观察记录结果。

拓展与创新

学会种植大蒜后，让学生尝试种植萝卜等其他植物，丰富学生的动手实践能力。

第三章　劳动实践课堂教学实录

水果电池

教学目标

（1）知道电池的组成。学会制作简单的水果电池。
（2）形成合作与分享的意识；初步意识到科学研究的严谨性。
（3）培养学生简单的科学研究能力和创新实践能力。

教学准备

各种类型的电池，水果（柠檬）、导线、铜片、锌片、敏感电流表等。

教学过程

一、活动启动阶段

教师：今天我带来了一条谜语：小小发电厂，有圆也有方，肚里有黑心，接线灯泡亮。猜猜谜底是什么？

学生：电池。

教师：这节课我们就一起来探究一下"电池"的相关知识。

板书：电池。

教师：在课前呢，我们围绕着电池开展了不同主题的实践活动，下面请以小组为单位到台前来汇报一下。

第一小组学生：我们小组就电池的种类和功能开展了调查研究。电池共分为四大类。一是干电池，1号、2号、5号、7号适用于录音机、手电筒等小型家用电器。二是纽扣式电池，大量用在电子表，导弹和人造卫星上。三是充电电池，常用于手机、相机、电动车等。四是光电池，也叫太阳能电池，可用作人造卫星仪器上的电源。

展示实物和课件。

第二小组学生：我们小组就电池的发明展开了调查研究。

播放视频。

第三小组学生：我们小组就电池的危害展开了调查研究。

展示课件。

教师：电池的危害让我们触目惊心。今天这堂课，我们就尝试来制作无任何公害的、绝对环保的"水果电池"。

板书：水果电池。

二、实验探究阶段

（一）观看视频

教师：大家在看视频之前要明确两个问题。一是制作水果电池需要哪些材料？二是如何制作水果电池？

播放水果电池制作视频。

教师：制作水果电池需要哪些材料呢？

学生：水果、二极管、铜片、锌片、导线。

（二）学生尝试

教师：请小组长从百宝箱中取出一个水果、两根导线、一个铜片、一个锌片、一个二极管，小组合作尝试制作水果电池。

教师：这里给大家一些温馨提示。一是实验时要小心，注意安全。二是要爱护实验器材。

教师巡视指导、及时把优秀的和错误的操作用手机拍摄，通过授课助手直接展示到黑板上。

（三）探究灯没有亮的原因

教师：引导大家观察实验结果。

教师：发光二极管不能亮，可能与什么有关？请大家探究一下。

学生：电压不够大、电流不够大、二极管是坏的、接触不良等。

教师：水果电池的电压较低，我们怎么才能知道这个水果电池是不是真的有电？我们可以通过简单快速的方法来检验。

出示敏感电流表。

教师：请小组长从百宝箱中取出一个敏感电流表，把负极与敏感电流表的"-"相连，正极与相邻按钮相连。

教师：大家发现了什么？

学生：指针移动。

教师：现在，这个水果可以被称为"电池"了，只不过，电量太微弱了。在水果不变的情况下影响电量大小的因素有哪些呢？大家猜想一下。

学生：铜片和锌片的距离、铜片和锌片的深度、水果的种类等。

教师：那么大家的猜想是否正确呢，请小组长从百宝箱中取出两张实验数据表，看清要求，再做实验。

水果电池实验数据记录表（一）

实验序号	水果数/个	两极距离/厘米	深度/厘米	电流计示数/毫安
1	1	大	相同	
2	1	小	相同	

水果电池实验数据记录表（二）

实验序号	水果数/个	两极距离/厘米	深度/厘米	电流计示数/毫安
1	1	相同	大	
2	1	相同	小	

学生汇报总结水果不变，影响电量大小的因素。

学生：距离越近，电量越大；深度越深，电量越大。

（四）串联让灯泡亮起来

教师：我们已经距离够近，深度够深，可是灯泡还不亮，那么怎么样才能让灯泡亮起来呢?

学生:增加水果的数量。

教师:很好,那就是串联,串联水果需要注意什么呢?一是每个水果上只能有一个铜片和锌片;二是锌片和铜片要有序相连;三是如果你的水果是柠檬,要反复揉搓,使其变得柔软,增加电量。

教师:请小组长取出剩余导线和铜片、锌片,比一比哪个小组的灯泡最先亮起来。

教师巡视,借助手机把小组的成果展现,有困难的小组可以借助其他小组的帮助完成实验。

三、拓展延伸

教师:在大家的共同努力下,我们的灯泡亮起来了,可能有的同学会有疑问:水果为什么能发电呢?请大家观看视频。

播放水果发电原理的视频。

教师:其实不只是水果可以发电,人们正在设想利用人体来制作电池发电呢。

播放人体制作电池视频。

四、活动总结阶段

教师:同学们,相信在不久的将来,人体电池很快问世,我们的生活也会更加便捷。科学的世界很奇妙,它需要我们大家用勤劳的双手和智慧的大脑,把梦想变成现实。

干点家务活

📖 教学背景
一年级的学生已经具备了做一部分家务的能力,能够自己做很多事情。但是,他们觉得做家务是家长的事,再加上父母把孩子当作"小皇帝",总觉得孩子做家务在添乱,做不好,索性不让孩子做家务。久而久之,学生失去了做家务的兴趣和能力,对于做家务也越来越生疏。

⚙ 教学设计思路
学生在轻松愉悦的氛围中感受到做家务的乐趣,在活动中有意识地培养学生的家庭责任感,并引导学生逐步将做家务变成一个好习惯。

📖 教学目标
通过小调查、现场表演活动等,帮助学生动手动脑掌握一些家务劳动技能,体会劳动乐趣,愿意积极参与家务劳动,感受做家务的好处。初步养成勤劳、负责、自主、自立的品质。

📋 教学准备
带有家务活的苹果贴纸。

📚 教学过程

一、导入新课
教师:今天我们一起学习《干点家务活》,我们班小朋友在一年级上学期参加过一个和家务活有关的活动,叫什么呢?

学生： 劳动小能手。

教师： 是哪一天？

学生： 周六。

教师： 你都干过哪些家务活？

学生： 扫地。

教师： 请你把这颗绿苹果贴到这棵大树上。

学生： 拖地、倒垃圾、擦桌子……

教师： 教师点评且及时选出对应贴纸贴在大树上。

教师： 看到这棵大树上，结满了又大又圆的苹果，老师发现你们干过的家务活可真多啊！都是名副其实的劳动小能手，老师表扬你们，1年3班同学真棒！

二、家务劳动小调查

教师： 现在我来做个家务小调查。先在左上角写上自己的名字。要求在"我会做"的地方打上对号，表示会做。老师列举了9种常见的家务活，你也可以自己再列举3种，把表格补充完整。

组长读题，边读边完成。小组开始活动。教师巡视指导。

教师： 不会写的字可以用拼音代替。

教师： 会做的要常做，不会做的要学着做。

教师： 通过刚刚的小调查，老师发现，大家会做的家务活可真多啊！都是名副其实的劳动小能手，老师表扬你们，1年3班同学真棒，真棒！

三、家务活表演展示

教师： 苹果树上结满了又大又圆的绿苹果，请选择一个表演展示，老师会把它摘下来送给你。你想上台表演什么呢？

学生： 扫地。

学生表演，教师协助，点评，送苹果。教师提前准备好笤帚、

簸箕等。

教师：通过刚刚的表演展示，老师发现，大家会做的家务活可真多啊！都是名副其实的劳动小能手，老师表扬你们，1年3班同学，你们超级无敌棒！

四、家务活的收获

教师：我发现做点家务很不错。比如：扫地要讲方法，让我学会了动脑筋。老师把这个红苹果贴上去，表示我们做家务的收获。你们有什么收获呢？

学生说出自己的收获，教师点评，贴好红苹果。

五、分享与总结

教师：遇到问题时你们怎么办？我们来一起看视频中的解决办法。

教师：你还遇到过什么问题？讲给大家听。

教师引导，点评。

教师：本节课你学到了什么？谁来说一说？

教师引导，点评。

六、实践作业

教师：现在给大家下发一周劳动情况调查评价表，请同学们认真完成，争取都得到5颗星。

家乡德州的城市名片

📖 教学背景

家乡对于每个学生来说熟悉中带着陌生，熟悉是因为他们生活在那里；陌生是因为他们对于家乡的地理、历史等知识不太了解。基于学生对家乡的认知是表面的、零散的，特设计了本节课程。本节课程让学生走进德州的人文历史，了解德州的地理位置、农业种植特点，培养学生热爱家乡的意识和情感，掌握德州的风土人情，一边探索，一边学习，从而进一步培养学生勇于探索和解决问题的实践能力。

📖 教学目标

（1）知道"德州"所包含的行政区，体会德州地理位置的重要性。通过读书交流，能说出两三个德州有名的特产、名人、名胜及其相关信息。

（2）通过学习掌握搜集资料与整理资料的能力，锻炼社会实践能力。

（3）体会家乡丰富的文化内涵，培养学生的责任心与奉献社会的意识，从而加深热爱家乡的情感。

📖 教学过程

一、导入

图片导入，引出城市名字"德州"激发学生的学习兴趣。

教师：上课一开始，我们先来欣赏一组图片。

教师播放德州的城市图片。

教师：同学们，你们知道，这组照片向我们展示了哪一座城市吗？

学生：德州。

教师：对，德州是我们学习和成长的地方，我们可以称呼德州为"故乡""老家""故园"等。无论是土生土长的家乡人，还是旅居海外的华人，谁不对自己的家乡有份难舍的情怀？你们热爱自己的家乡吗？

学生：热爱。

教师：你们对家乡的了解又有多少呢？大家知道德州的由来吗？知道德州历史上有哪些名人吗？这节课就请跟随老师的脚步，一起去寻找家乡德州的城市名片。

教师通过课件出示课题。

二、认识德州包括的行政区

教师：我们要去寻找德州的城市名片，首先就要知道德州所包括的行政区。那德州包含哪几个行政区呢？

学生：平原、宁津……

教师：好，请同学们快速拿出你们的资料，看到资料的第一页的地图（一）和下面的行政划分表。

学生阅读1分钟后由教师提问。

教师：请你们告诉老师，德州包括哪几个县，哪几个市，哪几个区？

学生回答，教师总结。

教师：看来我们德州包括这7个县、2个市和5个区。同学们，我们了解了德州所包含的行政区后，就跟随老师的脚步去寻找德州的城市名片吧！

三、学生动手查看地图，从位置上寻找第一张城市名片

教师：同学们，我们先从它的位置和交通方面去寻找德州的第一张城市名片。请同学们再次拿出你们的资料，看一下资料第二页的地图（二）和地图（三）。

学生阅读资料，时间2分钟。

教师：我们德州是位于中国的哪个省呢？通过看第三张交通图，你感觉我们德州的交通怎样？

学生：德州的交通非常发达。

教师：是的，德州位于山东省的西北部，很多交通干线都从德州经过，交通非常发达。接下来请大家一起来看一下这几个名词。

课件出示"九达天衢、神京门户"。

教师："九达天衢、神京门户"一听是不是就特别震撼，什么是"九达天衢、神京门户"呢？我们一起来了解一下。

教师课件出示资料信息，学生阅读。

教师：读得非常棒。现在我们知道了，德州自古以来就居交通要道。从它的位置和交通方面我们找到了德州的第一张名片，大家认为是什么呢？

学生："九达天衢、神京门户"

教师：对，就是"九达天衢、神京门户"，我们再一起来读一遍，读出我们的骄傲和自豪。

四、集思广益，从特产找名片

教师：我们接着来寻找德州的第二张名片，你认为会是什么呢？

学生：德州扒鸡。

教师：那你们对德州扒鸡的了解有多少？

学生：德州扒鸡闻名中外，被誉为"中华第一鸡"，特别好吃。

教师：说得非常好。德州扒鸡是我们德州的特产，更是我们德

州的骄傲。所以它是我们找到的德州第二张城市名片。下面我们一起来了解一下。

请学生阅读课件中的资料，并观看视频，时间6分钟。

教师：我们德州的特产除德州扒鸡外，你们还知道有哪些？

学生：乐陵小枣，德州西瓜……

教师：嗯，这些都是我们德州的一张张城市名片，更是我们德州人的骄傲。其中德州扒鸡、乐陵金丝小枣、德州西瓜被称为"德州三宝"。

教师：我们从德州的特产方面找到了这些名片。

五、学生阅读资料，从名人、名胜中寻找德州名片

教师：你们还知道德州在其他方面还有哪些名片吗？

学生："中国太阳城"。

教师：嗯。这是从新能源方面讲，德州被称为"中国太阳城"和"中国新能源之都"。听起来是不是也特别震撼，特别牛呀？下面我们就一起来了解一下。

请学生阅读关于太阳城的资料。

教师：世界级的太阳城大会在德州举办，我们作为德州人是不是特别有面子，特别光荣呀？我们一起来看一下当时的盛况。

请学生阅读太阳城大会的资料。

教师：我们从新能源方面又找到了我们德州的两张名片，我们一起带着骄傲和自豪读一遍。

学生齐读。

教师：除这些外，在其他方面你还知道德州有哪些名片？

学生：京杭大运河、苏禄王墓……

教师：大家知道的东西可真多！这些是从我们德州的名人、名胜中找到的德州名片。我们德州风景优美、人杰地灵、名胜古迹众多，不仅有京杭大运河、德州扒鸡，还有神话故事后羿射日，以及

智圣东方朔、书圣颜真卿等，这些都是我们德州的一张张城市名片。

教师：请同学们阅读手中资料的第三页，阅读第三题：阅读资料。在我们阅读之前先来看一下阅读要求。我们一起读一下。同学们，了解了阅读要求后就开始阅读吧。

学生阅读，时间3分钟。

教师：在德州的众多名人、名胜之中，谁先来与大家分享你认为最值得我们骄傲和自豪的那张城市名片？请你带着那份骄傲和自豪去读一读。

请学生分享，分享2~3个，时间10分钟。

学生：京杭大运河。

教师：（强调）京杭大运河是集好几个世界之最于一身，"世界上里程最长、工程最大的古代运河，也是最古老的运河之一"。同时，它已成为世界遗产项目。我们德州人感到怎样？

学生：骄傲、自豪。

教师：我们再次读一下标红的字。

学生：苏禄王墓。

教师：（强调）苏禄王墓是中国境内仅有的两座外国君主陵墓之一。

教师：由于时间关系，我们家乡德州名人、名胜的众多城市名片就不一一展开详细了解了。但是那些都是我们的骄傲和自豪。

教师：接下来，我们再来欣赏德州的一组照片，里面都是我们德州的一张张城市名片。

播放德州照片，时间1分钟。

教师：最后，通过这将近40分钟的学习，我们找到了家乡德州这么多了不起的城市名片，你们有什么感受与大家分享？

学生们分享感受，时间5分钟。

六、课堂总结

教师：同学们，通过这节课程的学习，我们知道我们家乡德州，

新时代 农耕劳动教育实践

城市名片众多,有"九达天衢、神京门户""中国太阳城"等,这些都是我们的骄傲,我们要热爱和保护我们的家乡。同时我们也学会了通过阅读材料查找知识的方法,拥有了探索实践精神,希望大家能记住这节课带给我们的快乐,带给我们的探索精神,好好去学习,去宣传和建设我们的家乡德州,愿我们的城市德州越来越辉煌,高楼林立,晚霞诱人!这节课就上到这里,下课!

板书设计

家乡——德州城市的名片
　　德州城市名片众多
　　德州是我们的骄傲　　　　　探索方法
　　我们热爱、保护家乡德州　　探索精神
　　我们宣传、建设家乡德州

家乡特产知多少

📁 教学背景

特产作为历史悠久、品质优良,承载着地域文化,洋溢乡土文化、气息的一种产品,是每个人家乡的代言。本节课程通过对"家乡特产知多少"的探究,让学生对家乡的特产方面提出自己感兴趣的问题,通过调查研究深入了解自己的家乡。

📖 教学目标

(1)价值体认。对学生家乡特产情况进行初步调研,让学生通过探究明确特产的含义,培养学生对家乡特产的热爱以及团队合作的精神。

(2)责任担当。学会自主思考、主动协作,合理分工,让小组讨论顺利展开,学生可以在合作中获得协作意识。

(3)问题解决。通过"家乡特产"调查研究的方法指导,培养学生提出感兴趣问题并尝试用调查研究的方法解决问题的意识,能够提出相应的解决方案。

(4)创意物化。同伴合作,结合经验借鉴,确定研究内容,明晰调查方法,进行现场表述,为"家乡特产"调查研究提供指导。

🔎 教学重难点

(1)通过"家乡特产"调查研究的方法指导,培养学生探究问题的意识,通过同伴合作,结合经验借鉴,确定研究内容,了解家乡特产,并为"家乡特产"调查研究提供指导。

(2)通过活动开展,让学生学会思考、协作,合理分工,通过有效整理资料,让学生更深入地了解家乡,增强来自家乡的文化自信，并体验探究的乐趣。

教学过程

一、情景导入，揭示课题

教师：同学们，中华饮食文化是我国传统文化的重要组成部分。我们班美味德州社团现在正探寻我们德州的美味儿呢？猜一猜他们这是在哪里？从哪里看出来的？

出示扒鸡公司、扒鸡店图片。

教师：那我们采访一下美味德州社团，你们为什么去探寻德州扒鸡呢？

【设计意图】著名教育家于漪说得好："课的第一锤要敲在学生的心坎上，或像磁石一样把学生牢牢吸引住。"在课的开始就要激活主体，让学生产生强烈的求知欲。因此，在本节课程的一开始，通过图片和引导，给学生一个直观的印象。通过让学生畅谈活跃课堂气氛，从而进一步调动学生的积极性。此环节旨在激发学生学习兴趣，为后面的学习做好铺垫。

二、明晰特产，分组研究特产特点

1. 了解家乡特产

教师：说到特产，课前同学们也对家乡的特产进行了调查研究。下面小组内来交流一下，除扒鸡外，你们搜集到的家乡特产都有什么？

教师：下面请一组同学来汇报。

学生汇报特产。

教师：你们是如何知道的呢？

学生：查阅资料、询问父母。

教师：查找资料真是一个好方法。

教师：哪个小组还有补充？

教师根据学生汇报，适时引出实地考察法。

教师： 老师课前找了我们德州很多特产，考考大家？

教师出示武城辣椒、宁津保店驴肉、德城黑陶、平原老豆腐图片，请学生辨认。

【设计意图】"尽信书，不如无书"。一个人的知识、能力都是有限的，特别是在这种信息技术迅猛发展的社会。通过查找资料和实践，使学生掌握方法并学会如何鉴别信息，灵活运用信息。

2. 探究特产含义，进行归类分组研究

教师： 原来家乡特产这么多，那什么样的产品才能称得上是德州的特产呢？

学生汇报好吃的、出名的，教师引导品质优异的，能够体现特产区域性。

教师通过出示北京烤鸭图片与学生展开讨论。在学生选择特产时，让学生探究区域内、品质优异的农产品或加工产品。

教师： 下面我们给这些产品进行分类。比如，以扒鸡为代表的是食品类。小枣、西瓜属于农产品。

教师： 同学们，特产不只是食品类的扒鸡、工艺品的黑陶，还有农产品的金丝小枣、夏津桑葚，这四种产品都是我们德州榜上有名的特产。

学生现场分成4个小组。

教师： 那这次活动我们就围绕着这些家乡特产来展开吧。哪一种特产更让你感兴趣呢？请小组内快速讨论一下。

教师： 扒鸡小组已经确定。老师欣赏你们的挑战精神。

教师： 请同学们根据实际兴趣选组。

教师： 现在我们各小组已经确定了研究主题，那我们来看一下我们要研究的内容及要求。我们研究的内容是了解特产的特点。课例介绍的是了解沾化冬枣特点的过程。那我们也可以像沾化冬枣小组这样来了解我们感兴趣的特产并做好记录。记录卡在老师给大家准备的资料袋里，除记录卡外，还有老师给大家准备的文字资料。

教师：正式讨论前，还要看一下我们小组合作的要求。

教师：指名学生朗读。

教师：大家清楚了吗？现在有请我们的扒鸡组2名代表上台，这是你们的组排、扒鸡和资料，有请黑陶组派2名代表上台、有请桑葚组、有请小枣组。

教师适时指导小枣组。

教师：老师给你们准备了乐陵小枣和普通大枣，你们可以尝尝对比一下，有什么不同。这就是乐陵小枣品质优异的一方面。

教师：有的小组同学已经完成了，其他小组加油。

教师：好，我们基本都已完成，我们选取小组分享他们的研究成果。

学生分享研究成果，教师根据汇报情况进行点评。

【设计意图】以小组为单位的探究活动，合理分工对调动学生积极性和提升课堂效率起着重要的作用。教师在巡回指导中，及时发现问题，解决问题，与学生共同提高本节课的效率。

三、借鉴经验和学习方法

教师：同学从老师准备的实物和资料中，探究出了这么多特点。要想更深入了解它们，我们还可以去实地考察，去源头探究。有请美食社团小组上台分享。

美食社团小组同学进行分享。

（1）方法的介绍以及德州扒鸡发展历程和精湛制作工艺的视频资料的播放。

（2）实地考察的感受及收获。

（3）关注订阅号，讲述"扒鸡"得名的小故事。

（4）交流采访时了解到的很多荣誉，还有选材。

小组汇报完毕,对小组汇报进行评价(自评、互评)。

教师适机提出访问法,通过学生采访视频,让学生发现问题,并交流采访注意事项。

学生发现问题预设:一是没有及时记录,二是没有分组,将问题统一起来。

教师:那我们该怎么做呢?大家思考一下,如果你们小组也要去访问的话,你们会怎么做?

提示学生从多方面回答,如访问前的准备、中间的实施、后期的整理。

教师:我们再来问问,社团小组如果再去采访,会注意什么?

教师根据情况进行总结,点明访问法的广泛用途。

【设计意图】尊重学生自主选择,选择自己喜欢的方式进行调查、研究,提升自主规划的能力。在评价环节,开展教师点评、学生互评,彼此提出中肯评价和意见,对强化和巩固课堂学习内容起着重要作用。通过观看采访的视频,发现问题,提取有效的方法。为实战演练做准备。

四、总结提升,拓展延伸

教师:最后,老师给大家播放一段视频,相信看完你们肯定有话要说。

播放完视频,学生谈感受,教师总结提升语。

教师:是啊,同学们,德州历史悠久,文化底蕴深厚。夏津黄河故道古桑树群,乐陵千年枣林,德州黑陶,叩之如磬,"乌金墨玉"常常作为国礼赠送外国元首。特产承载了德州的记忆,寄托着乡土情结。作为德州人,我们要走进它们、了解它们,去传承,去创新。

【设计意图】知识植根于课堂,但又不局限于课堂。学习知识应更多地应用于生活,服务于生活,生活即教育。

五、实践作业

教师：希望课下同学们可以用我们这节课学到的方法继续走进我们家乡的特产，期待大家精彩的探究成果。好，这节课就上到这里，下课！

第四章　劳动教育工作室观评课

新时代 农耕劳动教育实践

那些年的"劳动教育"

一种忐忑的心情,一种机缘巧合,一种对教育的另一番思考,让我走进了这个团队。一席话,两堂课,众多解析,让我走近了这个团队的主题。

回想那些年被忽视的"劳动教育",回想那些年被轻视的"综合实践",回想那些年提出的"五育并举"到后来"五育难融合"的状态,种种现象引起了国家的关注。2018年,习近平总书记在全国教育大会上发表了重要讲话,提及了劳动教育的重要性,以及在2019年发布的《中国教育现代化2035》和2020年印发的《中共中央 国务院关于全面加强新时代大中小学劳动教育的意见》都在着重强调,要把劳动教育纳入人才培养全过程,贯通大中小学各学段,贯穿家庭、学校、社会各方面,与德育、智育、体育、美育相融合。一项项政策出台,让局面从"五育不全"转变为了"五育并举",也将通过"五育融合"回归到劳动教育的本质。

从对劳动教育的知之甚少,到后来的不断关注,以及现在的主动探究,皆源于劳动之魅力。初次了解,赵老师问我是否喜欢,我回答说,我喜欢新的事物。我发现我的回答即是一个错误,这并不是一个新的事物,勤劳自古以来就是我们中华民族的传统美德,由此看来,我们对劳动教育的重视不是今天才有,追根溯源,古已有之。书上这样说:劳动是人之为人最基本的生存方式,伴随着时代不断进步,劳动的形式、内容也在不断发生变化。劳动教育也必然不能沿用过去的传统概念,而应该有全新的时代内涵、育人价值和实践路径。所以,我觉得这不仅是喜欢之动力,更是责任之使然。查阅了些许资料似乎对于"劳动教育"这个名词更走近了一些,发现它非但早有名分,更是贯穿教育其中。或许只是没有给它足够发挥作用的一席之地,它藏匿于各个角落中,没能一展身手。

2021年在东城小学我见到了落地的综合实践课程,孙悦老师的"学叠衣"让孩子们小组分工,自主探索,发现问题,探究问题,用发现美的眼光看待生活,用解决问题的思想对待生活,能让孩子们立足个人生活事务处理,在教学中注重生活能力和良好习惯培养。同时让孩子们在课堂中学会发现生活中的美,生活中用学会的技能、思维

创造美，希望以后每个孩子都知道穿衣要整洁、合体，鞋带要自己系好，桌椅要摆放整齐，环境需干净卫生。第二节吴立静老师的课让孩子们放眼自己的生活领域，同样是发现问题，用自己的智慧解决问题，同时发现劳动教育的阵地不仅是在学校，家庭、社会需要联合协作。大韩小学马媛媛老师《以劳促美，逐梦尚美人生》报告和赵宅中心小学王万红老师《立足区域优势，植根节气文化》的报告，让我感受到了孩子们对劳动教育的需求，孩子们的笑脸就是开展此门课程的必要原因。同时，也让我发现因地取材的重要性，同时我就在思考怎样在我们学校或者说我们班级开展属于自己的劳动课程。"守正创新"这个词，也深深地触动了我，怎么才能在自己的一亩三分地上，让孩子们享受学科融合的幸福？享受"五育融合"的益处？怎样立足"双自主"开展实践课程，或许可以从课前准备开始，或许可以在学科中渗透，自己需要尽快发现适合自己的切入点。来到这个大家庭发现大家已经蹚出"路"，且已行走在途中，自己要快速找到自己合适的方向，追向前方。

　　经过一系列学习也让我明白"新时代劳动教育"的指引性，同时让我看到了劳动教育的未来，我相信融合教育会让生活更美。愿那些年的"劳动教育"落地生根，路途虽远，但前方必是花海。

（陈　聪）

学无止境，教亦无止境

2021年5月13日上午，非常有幸在赵凤华老师的带领下和工作室的所有成员来到陵城区教师进修学校附属小学参加德州市支教助学志愿服务系列活动，活动中我认真听取了赵凤华老师和张梦麟老师的两节综合实践展示课，受益匪浅。通过本次活动，我对综合实践课程的课程目标、开展方式、实施过程、评价方法有了全新的认识，以下是我本次学习的几点感悟。

一、在传授专业知识的同时，注意对学生各方面能力的训练

在赵老师的教学中，我注意到她在传授学生专业知识的同时，尤其注重于向学生渗透学习方式和训练学生的各项技能，包括小组间的协调意识和个人的注意能力，听到老师的命令，学生快速作出反应，从而培养了学生的注意力和反应能力；在合作研究环节，赵老师要求学生首先利用观察法，研究完成"单活结"的系法，接下来利用读图法合作完成"互掏双头法"的系法，由浅入深，层层递进，在传递学生知识的同时，让学生的学习方法又有了一个提升。除此之外，每个活动从设置到完成，有规则、有标准、有评价，学生合作井然有序，注意力非常集中。

二、德育活动融入教学，帮助学生升华情感体验

综合实践活动和其他课程的差别就在于它能够为学习者创造更宽广的空间，使学生的综合能力得到提升，个性得到自然生长，而这个自然生长正好满足了孩子的本性，从本性中得到的情感，将伴随着孩子终身成长。赵老师在总结交流过程中，尤为重视学习者的情感体验，使学生充分体验活动的真实感受和能力变化，进一步提升学生的综合素养。听完今天的这两节课，感受颇深。其实，无论

是赵老师的浓浓慈母情、军民鱼水情、大爱真情，还是张老师非物质文化遗产爱国情都把学生的情感升华做到了实处，这些都是我在以后的教学过程中需要重点关注的。

三、课堂设计要有梯度，学生的思维才能有梯度

课堂教学的知识点有难易之分，易中有难，难中有易，但易和难都是相对的。我们在进行教学设计时，如果只追求环节的顺畅、完美，降低知识的难度，那就得不偿失了。实践证明，当学习者利用现有的科学知识轻松地得出对问题的正确答案时，思想并不活泼；而当所提的难题需要利用尚未掌握的知识才能解决时，思想过程也不活泼，而最优化的问题则必须是近于或稍高于学习者的智慧水平，以启发学习者思维活动、引发学生思考为目的，这也正是教育心理学上所说的"最近发展区"原则。教师在进行教学设计时必须先深刻了解学生，提出的问题不要偏难或偏易。赵老师整节课的教学内容设计都是由易到难，步步推进。平时上课过程中，尤其是面对"难"问题，必须要有单纯的引入性或延伸性"简单题目"作为铺垫，使学习者的知识有回旋和发展的空间。当然教师一定要把握好问题的设置和学生的接受能力，不能由原点回到原点，学生的能力必须要有所提升，否则也就失去了我们教学的意义。同时学生的创新能力也有一定的提高，方可真正实现"会当凌绝顶，一览众山小"的目的，让每个学生都投入整堂课程的教学中，从而最大限度地培养学生的主体作用。

世界千变万化，学亦无止境。教材中的基本知识点虽然是单一的，但应用情况很多时候都是一致的，对我们来说，就是要让学生从"不知"到"知"，从"知"到"用"，从"用"到灵活地运用。根据学生的基本能力差距，充分利用一切良好的外界条件，让学生自主地把学习知识逐步内化在学生稳定的个性构成和心理特征之中，我们的教学也就成功了。

（吕俊凤）

在学习中前行

"综合实践活动"这个词语作为一个陌生的事物进入我的视野,就像见到一个陌生人,我经历了一个由怀疑到认识再到比较熟悉的过程。陵城之行又加深了我对这门课程的理解。

赵凤华老师的课依然是那么让人舒适,听她的课真是一种享受。赵凤华老师在上课之初与孩子们进行了互动,提问了几个看似简单但对整堂课奠定规则基调的问题:今天的课与以往的有什么不同?实践课程需要注意什么?"操作"前要注意什么?"听"要如何听?这几个问题虽然看似简单,但却是渗透了劳动教育课堂中需要注意的问题:仔细观察、了解规则、听从指令等。

"百变鞋带"课堂中赵老师通过小组合作,自主学习,发现、探究、解决问题,让学生学到了多种系鞋带方法。并且运用了很多活动,通过系鞋带比赛、模特展示等活动更好地使学生通过实践掌握了速度更快、更有效率的蝴蝶结系法。而面对课堂中出现的一些赵老师没有料想到的情况,她也总能把此当作一个契机,从容灵活地调整课堂环节,达到课程的教学目标,并使学生得到实践锻炼,获得真实的成长。赵老师对课堂的把控能力、对突发事件的应变能力令人佩服,总之这是一堂非常充实、精彩的综合实践课。

张梦麟老师的"剪五瓣叶"让我看到了一位正在成长并勇于探索的青年教师。张老师的课设计完整,教态自然大方,与学生交流亲切。他从介绍中国的传统剪纸艺术入手,通过前期资料的收集进行汇报,然后通过视频使学生对中国剪纸艺术的历史及种类有了深入了解。接着讲了两个重点,一个是剪五瓣叶,让学生去贴到树枝上,组成一棵大树;另一个重点就是创意剪纸,小组里讨论自己的创意构图,然后分工剪纸,在此环节中张老师的奖励机制大大提高了学生的积极性。

总之，这次的陵城之行收获丰富。我会用所学、所悟去审视我今后的教学，把所学的教育理念应用于教学实践之中。

（张学宁）

陵城之行，且学且悟

五月，春未尽，夏初临，在这样繁花似锦的季节，我们跟随工作室，坐着大巴车，欣赏着沿途的风景，来到了陵城区教师进修附属小学参加德州市支教助学志愿服务系列活动，此行的目的主要还是观摩学习。

第一节课是由赵凤华老师带来的"百变鞋带"，初次与学生见面，赵老师和孩子们进行了互动，提问了几个简单的问题，例如，今天的课与以往的有什么不同？需要注意什么？虽然看似简单，但却是渗透了劳动教育课堂中需要注意的问题：仔细观察，了解规则，听从指令等。调动起学生的积极性后，课堂正式开始。

利用视频的方式进行的导入，视频展示的是日常学生的困惑"自己不会系鞋带"，于是赵老师邀请了学生利用教具进行系鞋带，并进行展示，然后通过询问得知平时鞋带的系法是妈妈教的，以此得出这种学习的方法是观察学习法。接着引出第二个重点用读图学习法学习"双头打结法"。好的课堂是学生合作学习的课堂，为此赵老师让学生用小组合作的方式观察讨论课件中展示的方法，并总结出步骤，然后要求学生独立去完成，并教会自己的组员，最后进行评价。接着就是师生比拼，很明显赵老师胜出，原因是老师运用了新的方法，自然过渡到第三个重点"互掏双头法"，学生通过刚才学习的方法观察、讨论、总结，不仅让自己学会，还学而不厌、诲人不倦地让组员也学会了此方法。赵老师设计了"生活技能小测试"的环节，挑选学生互相系鞋带，并利用动感的音乐进行走秀，对学生系鞋带的技能进行评价。课堂的最后由赵老师通过列举身边妈妈帮孩子系鞋带，交警帮助孕妇系鞋带等例子对学生进行了情感教育，课堂在此又提高了一个层次，使本堂课不仅是简单的学习技能，更是教育学生用感恩的心去对待生活中的每件小事。成功的课堂不是简单的知识学习，应该是能伴随学生一生的情感力量。

  整体来看，赵老师的课堂让我学习的地方还是非常多的，最重要的一点是在不认识学生和了解学生的前提下，课程非常的顺利，课堂氛围非常活跃，但这个活跃并不是利用小奖励，而是学生真正地参与了课堂，课堂的最后学生都收获满满，不仅学会了技能还获得了情感教育。还有很多小细节，在最初的展示中，有个男生没有系成功，这应该是突发情节，赵老师没有放过这个小事，而是耐心地教会了这个同学。

  第二节课是陵城区教师进修学校的张梦麟老师的"剪五瓣叶"，张老师从介绍中国的传统剪纸艺术入手，激发学生的学习兴趣。接着讲了两个重点，一个重点是剪五瓣叶，让学生去贴到树枝上，组成一棵大树；另一个重点就是创意剪纸，小组里讨论自己的创意构图，然后分工剪纸，组成一幅有故事、有创意的图画，并用小奖状进行奖励。课堂的最后张老师也对学生进行了情感教育，并抒发了对中国剪纸艺术的敬仰之情。总体来说，张老师的课堂还是非常完整的，但从后面的评课也可知道课堂的设计是需要有梯度的，通过一堂课的学习，在学生已有水平的基础上，老师通过方法的指导，让学生得到提升，这样才是一堂完成的课程。

  总之，今天的学习是非常有意义的，无论是听课还是评课环节，都让自己对劳动教育课有了更深刻的认识，在听课过程中，学到的方法也会运用到自己的课程中，前路漫漫，未来可期，对劳动课程的学习与探索不能停止。

（张雪芳）

名师引领促成长

2021年5月13日，我有幸参加了德州市支教助学志愿服务系列活动。对于综合实践活动课教学的学习与思考，我的心不断地受到碰撞摩擦，我用文字记录下这半天不断闪现的心得。

名师的观摩课让我重新认识了综合实践课程，让我意识到了劳动教育的重要性。随着新课程改革的深入发展，课堂教学不应该是单纯封闭式的授受模式，而是开放的、综合的、多元的，有助于学生多方面智能发展的。两位老师的课都是让学生在调查过程中以解决问题为中心，注重学生独立钻研，采用着眼于思维和创造性培养的教学模式，通过发现问题、提出问题、分析问题、创造性地解决问题等步骤去掌握知识，激起学生的动手动脑欲望，培养学生的创新精神和动手实践能力，在实践中学会分工、学会合作，在实践过程中解决问题，学到很多书本上没有的知识。

学生小组合作展示成果时，采取自评、小组互评、教师总评的方法，使学生参与其中，充分发挥学生的主体作用并给学生公平公正的评价。让学生充分表达自己的感受和想法，分享交流的喜悦，锻炼综合实践能力和表达能力。赵老师在情境中充当好交际者和指导者，指令明确，让孩子理解得更清楚，表达得更明白。张老师特别注意让学生成为评价的主体，培养他们的参与意识，从而获得知识，提高能力。总之，一节课的学习让学生各方面的能力都有所提高。

综合实践课并不单纯地意味着某项技能的掌握、某种能力的提高，还可以是学生内在情感的升华，这也关系到其将来能否在社会中立足，关系到其一生的发展状况。因此，在劳动技能教育的同时渗透情感教育，使学生具备综合的知识、创造的能力，以及完善的人格。

所有的听课研讨心得、反思、体会，只要是积极的，就应该在教学中认真践行。综合实践课，有时候上起来像美术课，有时候很像劳动课，还有时候像品德课。其实在我们身边也有很多的教学资源，比如老师对当地人文的了解，老师对某项技能的掌握，学生对调查活动的兴趣，这些都可以经过整合，为学生献上更有意义的一节综合实践课。

在今后的教学过程中，我会更好地去探索，去发掘，争取早日上好一堂具有意义的综合实践课！

（何　君）

五月，成长正当时

五月，花开，叶绿，别样的朝气；五月，温暖，和煦，正值成长之际。

2021年5月13日，根据德州市创建全国文明城市工作要求，在德州市教育和体育局的安排下，德州经济开发区杨庄小学赵凤华老师带领工作室成员来到陵城区教师进修学校附属小学，呈现了一场教学盛宴。

首先，赵凤华老师的"百变鞋带"为进修学校四年级的孩子们带来了一场精彩纷呈的综合实践课堂。走进课堂的赵老师，瞬时融进了初次相见的孩子们中，一句"今天的课与以往的有什么不同？需要注意什么？"看似简单的交流中，渗透着赵老师的课堂智慧：仔细观察，了解规则，听从指令，从而为良好的课堂秩序打好基石。

视频直击学生日常的困惑"自己不会系鞋带"，从生活问题入手，激起学生兴趣。现场让学生展示"自己系鞋带的技能"，发现问题，并追根溯源，询问平时鞋带的系法是妈妈教给的，引出基础的观察学习法。

接着，利用学生好奇心，顺趣而教，抛出新方法——读图学习法、学习"双头打结法"。好的课堂是学生合作、探究思考的课堂，小组合作恰到好处地让学生参与其中，不论是观察总结方法、组内共同研讨还是展示新学技能，学生都能在临时选派的组长指挥下学有所获。

师生比拼，再掀高潮。赵老师胜出的神秘武器"互掏双头法"，引起了学生共同期待，组内交流、讨论更上一层。一阵交流声过后，思考与实践的结合换来了收获的幸福。

"生活技能小测试"即将迎来本节课程的收官环节，小组内推选优秀选手参加比赛，紧张有序的比赛，在赵老师的指挥下顺利完成。成果展结束后，模特秒变评委，对学生系鞋带的技能进行评价，提出建议，整堂课学生收获满满。

变化创造美，美在生活中。课堂要回归生活，妈妈帮孩子系鞋带藏着的是温情的爱，交警帮助孕妇系鞋带来的是社会的暖……情感教育融入课堂，启发学生用感恩的心去对待生活中的每件小事，让课堂有了温度。

第二节聆听了陵城区教师进修学校张梦麟老师的"剪五瓣叶"，张老师由剪纸作品展示入手，传递我国传统文化的精华，学生兴致高昂。通过小组合作、探究等一系列活动，让学生发现和解决问题、体验和感受生活，同时发展实践能力和创新能力。本节课，亮点频出：拓展创新环节，激发学生的创作思路。创意无限、心灵手巧的孩子们在这一环节将自己的奇思妙想展现得淋漓尽致，课堂生成让学生再次体会到了剪纸艺术的神奇魅力，同时也感受到我国非物质文化遗产的艺术魅力。

思维碰撞，点亮成长。两节课结束后，在三楼会议室赵老师对"剪五瓣叶"提出赞赏并进行了点评，给予张老师中肯的建议。与会教师也交流了自己的收获。

最后，在交流中，老师们感受到了教研之乐。乐在教，乐在学，乐在思维碰撞后的专业成长。在这"乱花渐欲迷人眼"的景象下，能跟随学习者的脚步"拨开云雾见月明"，实属幸运与美好。独行快，众行远，在赵老师的带领下，工作室所有成员定会凝心聚力，收获成长。

（高圣新）

志愿岗和立杆测影的观评

"小雷锋志愿岗竞岗答辩会"由青岛市市北区福州路小学及静老师讲授。老师启发学生通过生活中的现象，发现自己感兴趣的问题，提出自己的想法，形成对问题的初步解释。学生在综合实践活动中进行职业体验活动，就是给学生提供发现问题、再进行自主探索的机会。概括提炼经验，在行动中应用，从而有效提高学生解决实际问题的能力。引导学生从志愿者的角度提出自己的设想，结合对学生如何做好服务这个内容，来进行小组交流。每个小组在进行交流的过程中，能够结合自己的岗位服务内容，充分展示活动前期的准备工作。

化难为简，突破重难点。这节课程的教学重难点在于解决服务过程中的一些问题，老师通过学生喜闻乐见的现场连线、现场师生答辩等方式，深入浅出地将活动中应注意的问题进行了分解，让学生通过探究、实践、比较的过程来达到学习的目的。

教学开始教师就结合学校大队部活动，组织学生们进行全校参与的现场竞岗答辩活动，这对很多孩子而言是一个很大的挑战，也是一个很好的风采展示机会。教师让学生将前期进行的活动准备，采用集体交流、现场答辩的方式，引导学生明确实践服务中的方式方法。在学会岗位服务的技巧后，让学生在学中实践，在实践中学习。

学生们结合校园文化和校园生活进行小雷锋志愿岗的职业体验活动，让学生将学习到的理论知识与生活实践相结合，唤起了他们为同学服务的意识，让他们了解了社会，提升了对他人、对社会的责任和担当意识。

"立杆测日影"由济南市章丘区清照小学许明英老师讲授。先是外堂记录测量杆长、影长、高度角。5分钟测量一次，设计合理，循序渐进。学生已经具备卷尺、量角器的使用技能，所以杆长、影长的测量不必过多讲解。太阳高度角的测量是本次活动难点，借助图片形象展示，学生通过观察便能直观感受什么是太阳高度角，并能用手中的工具卷尺和杆子展示出来。培养学生观察能力及动手动脑的良好习惯。再转到内堂研究探讨规律，学生学到了很多。通过多次测量，学生发现杆子长度不变，影子长度越来越短，太阳高度角也越来越大。学生通过整理测量数据可以发现影长和太阳高度角的变化规律。

（章建军）

劳动教育之我谈

起初听到综合实践这门课程的时候，心中有几点疑问：综合实践是什么？该怎样实践？直到有幸成为赵凤华名师领航工作室中的一员，才开始慢慢了解，也切身感受到了这门学科的重要性。

在综合实践课的教学过程中，应该以"主体探究、综合渗透、合作活动、创新发展"为原则，优化教学结构，改进教学方法，提高课堂效率。随着新课程改革的发展，封闭式的、单纯授受模仿的课堂教学已不可取，开放的、综合的、多元的课堂才有助于学生多方面智能的发展。从"巧系鞋带"到"中秋节做月饼"，再到"变废为宝""水果拼盘"等综合实践课，我发现在探究式教学中要注意以下两点。

一、激发学生的自主性

《论语》言："知之者不如好之者，好之者不如乐之者。"学习兴趣迸发的求知欲可以让学生更专心地进行课上学习。教师上课前活跃课堂气氛，将学生的注意力吸引到教学内容上来，将学生的学习兴趣调动起来是一堂课增添教学色彩的必要条件。在"巧系鞋带"

 **新时代** 农耕劳动教育实践

教学过程中，从学生日常遇到的问题出发，帮助学生解决问题，告诉学生只要他们开动脑筋，乐于实践，问题就会迎刃而解。注意力的吸引可以保持课堂活性。从生活中的现象或学生学习生活中的实际经历来引起学生注意，而后，教学任务的下达顺理成章，学生们会集中注意力想要去了解它、掌握它。完成教学任务也会达到功必倍之的效果。

再例如，在"泥塑教学"过程中学生通过看资料、观察、触摸样品，了解有关泥塑知识，这时向学生提出问题"今天我们要用泥条盘筑的方法来制作一件作品，你知道它的制作步骤和方法吗？"学生根据资料收集，经过小组讨论找到制作步骤及方法。在学生作品设计阶段，教师要鼓励学生别具一格，矜奇立异。教师不要循规蹈矩，使学生勇敢地将自己的异于他人的想法或者作品展示出来，鼓励学生的想象力。

综合实践课对比其他科目而言更加注重实践操作。实践操作能让学生积极大胆地去展开并验证自己的想象、培养学生的合作学习和人际交往能力。在实践操作时要求学生不仅要重视作品的质量，享受

实践作品成功的快乐,更要享受过程。学生的创新意识和潜能可以在这个环节得以充分发挥,而教师对学生的约束主要体现在安全方面,同时教师需要仔细观察学生的操作以捕捉每名学生散发出的细小亮点。在保证安全的基础上,可以要求学生发散思维,达到以实践促创新的教学目的。在教学过程中教师对不同的学生提出不同的要求,鼓励学生自己动手,遇到困难先自己想办法解决或小组一起想办法,实在解决不了再找老师。教师要做的是创建一个自主学习的氛围,在此氛围中学生更乐于自主发现并提出问题,教师更倾向于引导学生自主解决所提出的问题。

教师可以尽力满足所有学生对成就感的需要,帮助他们树立学习的信心和掌握新知识的满足感,让所有孩子们都能体验成功的快乐,促使每名学生在课堂上都积极参与,无论学生作品的最终质量如何,教师都可以从不同角度去肯定学生的作品,肯定学生实践操作过程中的一切劳动。让学生在实践过程中体验、思考,体验到"我能行,我快乐,我成功"。

二、鼓励学生在评价中展示自我

教学评价要贯穿于整个实践教学过程中。教师在综合实践开始前想好吸引学生注意力的引导事件或事物,做好准备工作;在教学中选择恰当的教学方法,充分调动学生的兴趣,引导学生完成实践作品并达到预期教学效果;每节课的教学反思中根据每次课堂上学生的反馈总结学生感兴趣的点,总结自己在本堂课中的表现,因地制宜,因时而异。要"金课",不要"水课"。

综合实践课的成果展示是学生非常感兴趣的一个环节。在教师对每名学生进行评价之前先让学生向其他人展示自己的成果作品,介绍自己的创新点或作品制作过程心得。教师要高屋建瓴,洞察全局,对学生的作品在创新意识和创造性思维方面进行点评。对于学生的作品不要轻易下结论,尤其是还没有完成的作品或制作失败的作品，应具有挖掘作品更深层次内涵的意识和能力，保护和鼓励学生的创造性思想和创新意识。

总之，在教学过程中，通过教师引导，让学生积极参与其中并主动地发现某项技术中含有的劳动技术要素，从"要我学"到"我要学"，从"学会技术"到"会学技术"，从而提高学生的技能素质和创新能力。

综合实践之路任重道远，我将在学习中摸索，在摸索中前进。

（何　君）

第四章 劳动教育工作室观评课

听课中成长进步

2021年5月13日,赵凤华名师领航工作室成员参加了德州市支教助学志愿服务系列活动。我们一行13人乘坐大巴车从德州市教育和体育局出发去陵城区教师进修学校附属小学。

本次活动安排了两节课,第一节课是由特级教师赵凤华执教的综合实践课——百变鞋带。赵老师课前与学生亲切地交流,了解学生的分组情况和对综合实践课的认识,拉近了师生的距离。赵老师的课从两个游戏入手,游戏内容与本节课所讲内容息息相关,既提高了趣味性,又激发了学生探索本课的求知欲。赵老师在授课过程中不断和学生渗透综合实践教育课的意义和学习方法,比如观察法和读图法,这种学法上的指导我认为非常有意义,因为我们教授给学生的不仅仅是一项技能,还是一种能力。赵老师从学生的当前认知实践水平开始做起,让学生去做,发现问题或困难,这是学生的起点,那老师教授这节课的意义就是让学生获得能力的提升。老师教授了两种系鞋带的方法,教授的方法有微课视频法和学生操作演示法。课堂上以学生活动为主体,老师仅提供方法,学生就能够完成活动,充分体现了学生的潜在能力,学生从之前不会做,到上完课能够用两种方法完成,学生在老师的指导下实践能力有了大幅度提升。从赵老师的课上,我慢慢地明确了综合实践课的上课方法,受益颇深。

第二节课是陵城区教师进修学校张老师的"剪五瓣叶",张老师的黑板展示学生作品设计得非常好,将学生作品贴在大树上。另外,张老师轻松驾驭课堂的能力也非常令人佩服。

陵城区教师进修学校附属小学的孙校长是德州市数学特级教

师，孙校长所教授班级的数学课各项指标都名列前茅，她强调了课堂效率的重要性。孙校长将小组教学做得淋漓尽致，小组的编排、组长的选定和培养，老师都研究得非常深入。教师真正成为学生学习方法的指导者、学习的领路人，学生成为学习的主人，学习效率之高完全体现出来。

  这次送课活动，收获很多，并且在工作室团队中大家也相处得非常和谐，也希望自己在这个工作团队中能够成长地更快，期待明天会更好。

（刘敬梅）

第五章 劳动教育工作室工作总结

新时代 农耕劳动教育实践

"劳"随心动，聚力美好

2011年4月9日,"劳动教育"一词重新正式地、深入地走进我的视野,"赵凤华名师领航工作室"自此入驻到我的心里。两节课例展示、两场报告分享，让我看到校园里的孩子，除学科知识的摄入外，技能知识带给他们的不同色彩，校园里因"劳"而动人心扉，风采别样。

一、明概念，定方向

随着落实贯彻习近平总书记关于教育的重要论述，以及《中共中央 国务院关于全面加强新时代大中小学劳动教育的意见》《大中小学劳动教育指导纲要（试行）》的出台，劳动教育再次迎来了发展的春天。劳动是创造物质财富和精神财富的过程，是人类特有的基本社会实践活动。劳动教育是发挥

劳动的育人功能，对学生进行热爱劳动、热爱劳动人民的教育活动。因此，当前实施劳动教育的重点是在系统的文化知识学习之外，有目的、有计划地组织学生参加日常生活劳动、生产劳动和服务性劳动，让学生动手实践、出力流汗，接受锻炼、磨炼意志，培养学生正确劳动价值观和良好劳动品质。

怎样将"劳动教育"拉回自己的校园，符合本校学生的发展，赵凤华老师就个人发展方向提出了要求。不同学校、状况不同、特

点不一,劳动教育发展的着力点也就不尽相同,由点而入,逐步发展。经过研究本校的实际情况,我萌生了以发展"生活技能"为出发点,让劳动教育走进学生的想法。

二、跟师走,聚能量

习近平总书记在2021年12月31日全国政协新年茶话会上讲道:"力量生于团结,幸福源自奋斗。"我在工作室近一年的学习中,深刻地领会到了其中的真谛。2021年4月26日,赵凤华名师领航工作室全体成员参加了由德州市教育局主办的名师领航工作室专家指导现场会。专家们高屋建瓴的思想理论,使我的思维再次得以开拓。2021年5月13日,在德州市教育和体育局的安排下,工作室13名成员来到陵城区教师进修学校附属小学,呈现了一场教学盛宴。赵凤华老师的"百变鞋带"为进修学校四年级的同学们带来了一场精彩纷呈的综合实践课堂。也让我近距离地走进了名师的课堂,课堂讲学中的赵老师处处展现着教育智慧,层层递进,令人印象深刻。直至今日,讲学画面依旧在字词间呈现。因为"相同的爱"走到了一起,2021年8月,在赵老师的引领下工作室在《2021年德州市小学综合实践活动劳动教育创刊》的第一期简报成功出刊,这里有工作室的点点滴滴,这些正是赵老师一步步地引领聚力的结果。回过往,美好件件浮现出;向未来,整理行装再出发。

三、学理念,真实践

为增强理念素养,工作室制订了暑期阅读计划,《劳动教育论要:现实畸变与起点回归》从不同层面解析劳动教育的涵盖点。工作室成员各自撰写读书心得、交流收获。机遇总是来得那么恰当,我校自2021年9月开学以来,新增开设了走班课程,我结合本校特点将劳动技能课程"有研有办"成功在五年级开设,受到了同学们的喜爱。期间赵老师在我选择方向、确定教材等方面给予了细致的指导。而且在 2021 年 11 月，我又在劳动教育实践中迈出了一大步，执教了"水果拼盘"的综合劳动实践课。课后，工作室的老师们提出了宝贵的意见，他们从问题中剖析原因，从过程中提炼方法，赵老师更是从专业层次上给予精准点拨，让我的思路更加明晰、对课程的理解也更加深入。进入工作室不到一年的时间，让我对劳动教育有了更多新的认识，同时工作室的多方引导也让我明确了后续努力方向。

只有通过劳动，思想才能变得健全；只有通过思想，劳动才能变得愉快，两者是不能分割的。一切美好的东西都来之不易，道阻且长，行则将至，感谢赵老师的引领以及各位老师们的帮助，向未来我愿"劳"随心，跟随工作室聚力、聚美。

（陈　聪）

花开无声,成长有痕

转眼又到年末,蜡梅花就这样在不经意间悄悄地开了,疏密有致,温润典雅。香中别有韵,清极不知寒。从冬季到初春,当刺骨的寒风轻轻拂面,它便力克群芳,展蕊吐秀,不卑不亢、悄然开放。每年冬天我都会被它深深触动,感慨万千,内心充满温暖和愉悦。回顾一年在工作室的成长经历,忙碌而充实、感动和温暖并存,正如蜡梅一样坚韧不拔,倔强刚毅。

2021年4月9日,第一次参加赵凤华名师领航工作室举行的劳动教育研讨会,心情激动更是受益匪浅。此次交流学习,不但让我与这位才华横溢、谦逊有礼的赵凤华老师结下了不解之缘,同时也让我对学校综合实践课程的开展有了新的了解,既拓宽了眼界,又震撼了内心,更对我今后教学的发展有着很大的指导作用。我想在工作室学习到的内容不仅是我渴求的,更是我在教学工作中迫切需要的。为方便以后更好地开展教学工作,我把自己的收获总结如下,今后用实际行动做出自己的努力。

一、学习、成长,我们一直在路上

有幸在工作室这个大集体中,和大家一起交流并成长,都说学习是做好教育工作的有效手段,而思考是加强教育针对性的重要方法,所以只有在不断地学习、思考、探索过程中,我们才会从一个纯粹的教书匠逐渐转变为教育家,2021年5月13日上午,在赵凤华老师的带领下和工作室的所有成员来到陵城区教师进修学校附属小学参加德州市支教助学志愿服务系列学习活动，活动中我认真听取了赵凤华老师和张梦麟老师的两节综合实践展示课；2021年11月23日，大家围绕六年级科学"弯弯的月亮"一课进行了一场课例研讨。一次又一次的课例研究与教学活动，使我对综合实践教学的课程目标、实施方法、实施流程、评估方式等有了全新的认识，教师在传授基本理论知识的同时，必须重视对学生各方面能力的训练；德育活动融入教学，帮助学生升华情感体验；课堂设计要有梯度，学生的思维才能有梯度。世界千变万化，学亦无止境。教材的基本知识点虽然是单一的，但是在应用情景下许多内容都是相通的，对我们来说就是要让学生从"不知"到"知"，从"知"到"用"，从"用"到灵活地运用。通过分析学生的基本能力差距，充分利用一切良好的外界条件，让学生自主地把学习知识，逐步内化在学生稳定的个性构成和心理特征之中去，那我们的教学也就成功了。

卷荷塘风起又一夏，又是一年研修时。2021年暑假，我们搭乘网上研修专线朝着自主研修、自我发展的目的地出发。走近专家、对话专家、更新教育观念，汲取专家智慧，获得心灵成长。与此同时和工作室成员开启与《劳动教

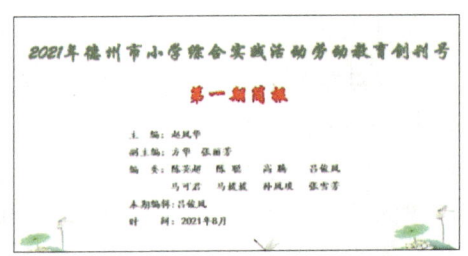

育论要：现实畸变与起点回归》的阅读之旅，大家共读一本书，在收获知识的同时，更是开启教育生涯的心灵之旅。

2021年4月26日，由德州市教育局主办的德州市名师领航工作室专家指导现场会在德州学院附属小学举行。我和工作室全体成员参加了本次活动。从课程中寻找乐趣，重视课程教育，强化综合教学，转变教育方法，突出实践；进一步改革知识观，突出学生思维方式与研究方法的培养。通过这次活动，我更坚信了敢闯、敢干、敢实践的决心，努力在工作中提升自己，做一个有创新的教师。

二、尝试、探究，开展主题活动

家庭劳动教育是基础教育变革的一个切入点，是学校教学观念转变的突破口，是一个至关重要、不容忽视的教育课程。而家庭固然是学校家庭劳动教学的基石，但在以家为本的学校教育，以学校为家的做人教育也使劳动教育变成了学校德育中不可分割的内容，因此可以说良好的家庭劳动实践正是与学科基础教育的融会贯通。家庭劳动教育，可以促使少年儿童形成健康生命的基本意识。由于少年儿童时期是长体格、长见识的关键时期，因此教学上需要劳逸结合，由于长期使用脑力不能正常释放，工作效率也会下降，在紧张、烦琐的学业之余，进行适度的劳动锻炼，就可以让脑力得以合理的调整、释放，进而提升学业效能。本学期我根据学校实际情况，组织学生开展了以下几个专题的活动。

（1）"我是家务小能手"。依托劳动作业，形成家校劳动教育合力。每周末学校都

有专门的劳动实践作业，通过加强家校共育，动员家长自觉地安排学生做力所能及的家务劳动，并开展丰富多彩的家务劳动竞赛。结合实际，确保每周至少一次的家庭劳动作业，注重把握衣食住行等力所能及的日常生活劳动实践，变成学校教育的一个重要部分，鼓励学生自己动手，自觉劳动，养成"自己的事情自己做，家里的事情帮着做"的良好习惯，培养学生的劳动精神。

（2）"秋收，有我一份力"。国庆假期，也正是秋收农忙时，让学生与爸爸妈妈共同掰玉米、摘棉花、刨花生、刨地瓜、拔萝卜等，提高学习劳动技能，感受劳作生活，体验丰收快乐。

（3）"创意时装秀，环保我先行"。结合本校劳动实践活动，为我校同学们创造展示才华的舞台空间，把"绿色，爱心，环保"这个主题融于服饰和劳动技能活动的展示之中，通过设计环保、有创意的服装，提高了学生的环境保护意识和优雅的艺术

情操，展示了学生的自主动手能力和美学风格；烘托当代小学生身心健康、活跃、开拓创新的精神风貌，提倡身心健康、绿色的校园生活，展示小学生的活力与风采，培养艺术文化素质，从而积极地推动了校园建设工作。

（4）"剪纸玩出新花样"。从上学期我开始着手剪纸课程的准备和开设，效果非常不错。一张彩纸，一把剪刀，就能够活灵活现地展示千变万化的自然界万物，学生用剪刀代替画笔，直接将自己眼前所见所想剪出来，寥寥数笔，生活用品、花草、动物、人物形象等就跃然纸面，自然形象惟妙惟肖，栩栩如生。通过了解、感受剪纸艺术，让每位同学也对中华传统文化有了更加浓厚的兴趣。

教育是一门科学，是科学就应该去探讨和钻研；教学是一门艺术，是艺术就应该去锤炼和总结。优秀老师绝不是教书匠，他应该是教育教学的研究者、教育教学艺术家。一些老师教了一生课，与学生打了一生的交道，却没有成为出色的教师，其中一个很大的因素便是平时并不好好钻研和总结。以上种种因素都使我明白了，要想成为一个出色的老师并不是件很容易的事情。但我相信只要我努力，只要我坚持，我和优秀教师的距离会越来越近。

"道阻且长，行则将至，行而不辍，未来可期。"今后，我将会以前瞻的姿态，掌握前沿的教学理念，完善自我，让自身更具有大气、底气与灵气，不断地完善和超越自我，并继续追求新的高度，就像蜡梅一样，只要拥有花开的信念，就永远有属于自己的季节。

（吕俊凤）

劳动教育，未来可期

时间飞逝，繁忙而有序的一学年悄然而过，进入赵凤华名师领航工作室已有一年了。通过回顾在工作室中的学习，我体会到了这个团体给我带来的快乐和收获，也使我在这个团体中茁壮成长。或许这一年对我并不是可以标榜的荣誉称号，而是可以展示的成果，但工作室领衔人和同伴们好学上进、乐意革新、敢于开拓的精神带给了我巨大的力量，使我在教育教学实践的岗位迈着更坚定的脚步，一年的学习，内容丰富充实，形式多样。回首整个学习过程，有价值观上的洗涤，也有教育理论的提升；有专业知识上的积累，也有教育技术上的提高。获益良多、受益匪浅。成长是一种过程，更是一种幸福。这一年来我得到了不少，但同时也发现了自己的不足之处，现把一学期的工作总结如下。

一、理论积淀，提升素养

还记得刚开始参与工作室活动，自己就觉得有压力，因为有许多事情我要去学习。同样，在工作室里的每个老师也都是那么的好，所以我会经常问问自己：我行吗？慢慢地，我们就互相了解；慢慢地，也将这些压力化为了动力。赵老师总是建议工作室成员们要多读书，多反思，以沉淀自身的思考经验。她还向我们介绍了关于劳动教育教学的图书，《追求理解的教学设计》《劳动教育论要：现实畸变与起点回归》供我们学习，研读，并进行互动探讨。

二、听课观摩，增长智慧

2021年4月9日我有幸加入赵凤华名师领航工作室，参加劳动教育研讨活动。对于我来说既是一次机遇，又是一次挑战，更是一次深入学习的机会,跟着优秀的教师好好学习,一起努力共同进步,成为更好的自己。

第一次参加工作室的活动,我认识了优秀的领衔人物赵凤华老师和来自武城教研工作室的成员和开发区的优秀老师,自己感到很幸运,要倍加珍惜难得的机会。有幸聆听了工作室老师的课,东城小学孙悦老师执教的"学叠衣"让我大开眼界,从学生的日常生活中,探究如何叠衣服。使我感受到劳动实践课不但增强了学生的劳动意志,而且大大提高了学生的日常生活自理能力和小组成员之间的合作能力。吴立静老师执教的"创建和谐的社区环境",从实际出发,学生成了课堂的主人,完成一幅幅高质量的作品。马媛媛老师带来了《以劳促美,逐梦尚美人生》的报告,校本课程将校内校外实践相结合,培养学生的综合实践能力。王万红老师做《立足区域优势,根植节气文化》报告,以二十四节气是我国"第五大发明"

作为校本课程进行阐述。知行合一，值得我去学习。这些教学都反映了新课改的特点、趋向。教学生动活泼，将设定发生和动态发生结合。经过这一次的工作室活动后，我在工作室获得了不少知识和经验，在接下来的课堂中，我非常重视与学生在学习过程中所体现出的人生情感、趣味，以及个性思维等相关方面的交流；把学生推到了教学的主要地位上来，把学生作为了情境发展过程中的主人，进而使课堂变成了学生在主体发展过程中的主要场地，让学生的自主性、能动性和创造力都得以进一步发展。

2021年5月13日，跟随赵老师一起来到陵城区教师进修学校附属小学进行助学支教活动。赵老师带来的劳动教育课程"百变鞋带"，一根小小的鞋带，蕴藏着巨大的能量。在课前小游戏中，既动手又动脑发挥自己的想象力，激发了学生学习的巨大兴趣。陵城区教师进修学校张梦麟老师带来的"剪五瓣叶"。张老师从中国民间的传统剪纸民间艺术出发，在课堂教学中使学生再次感受中国传统剪纸民间艺术的神奇，重新体验中国非物质文化遗产的艺术魅力。

综合实践这门课程，形式多样，多门课程综合，以学生为主体。在我的教学中，我要重新审视，把所学的的教学理念有所应用，在劳动教育的道路上不断探索，独行快，众行远，在赵老师的带领下，我相信劳动教育花期不败。"宝剑锋从磨砺

出,梅花香自苦寒来。"每场教研工作实践教学活动,都是一种成长,一种收获。在教研工作实践教学活动中,大家彼此交流学习,共同探索。

为训练学生自理自立的能力,对劳作有更深刻的理解,陈聪老师还为我们提供了"水果创意拼盘",利用简易的果蔬拼摆,学生身体力行地感受了劳作的辛苦和光荣,体验到了劳动的快乐。研讨是促进成长、相互学习、增长经验的有效途径、教师们课后的研讨把每个点都扎扎实实落实好。

除现场的观听与学习外,线上的练习也是至关重要的,通过网课练习"小雷锋志愿岗竞岗答辩""立杆测日影",使我对综合实践活动这门必修课有了进一步的认知与理解,因为综合实践活动的主题与覆盖范围都很广。综合实践课并不像一般语文、数学课那样单纯地以理论知识传授为主的教学,综合实践课更注重于个性化的实际教学,也比所有学科教学都注重过程,更强调指导学生在现实生活中成为活动主体,在活动中发展问题,这就需要教师应当具备创新精神和实际能力,注意指导学生重视生活,关心实际,在现实生活中发掘新问题,提出活动主体,并利用广泛存在的学科教学资源,注重学科的融合。任何一个学科都有其严谨性,综合实践也是一样,一切从生活中来,再到生活中去。综合实践活动课程中,要体现学生在活动过程中各方面的个性展示。不仅要关注学生学会了什么专业知识、学会了什么技术,更要关注学生情感、心态、价值观上的发展与变化。

三、努力方向

通过参加工作室,在学习实践环节中我不断自我反思,不断总结,找出目前自己身上的优势与不足,明确以后努力前进的总方向,在努力提高工作室课堂实效性基础上下一点工夫,在工作室的每次活动中都很有收获。继续学习加油,及时做好总结,加强学习反思,提高自身能力，将一些自己和平时活动积累出来的课堂经验与反思及时整理记录保存下来，以便能更高效地继续提升自己学习水平。向工作室各位老师学习，学习他们无私奉献的爱岗敬业精神，学习运用他们在实践中的很多优秀经验，做更加专业优秀的教师。

总之，这个学习交流工作室不仅能为我们提供这样一个学习与交流的平台，也能够打造成为可以让大家彼此认识、互相了解、共同学习、互相帮助、共同促进的一个温馨大家庭。在工作室这个大家庭环境里，我们每个人终于找到了一个引领自己努力与前进的学习方向，体会到了彼此互助、合作共进、和谐发展的最真挚的感情，领略到了工作室中名师们的风采。"扬帆起航，路就在前方！"，我相信能够更加认真地严格要求和规范管理自己，发扬优点，积极努力地开展教研工作，弥补自己不足，开拓进取。

（高　腾）

名师引领，风华正茂

时光飞逝，不知不觉间，我已成为赵凤华名师领航工作室成员一年有余了。加入工作室，不但拓宽了自身的眼界，而且也增长了见识。回顾在工作室的学习过程，我体会到了这个团体给我带来的快乐与收获，也使我在这个团队中茁壮成长。或许在这一学年我并没有值得夸耀的荣誉，或是可以展示的成果，但工作室主持人及伙伴们好学上进、勇于开拓的敬业精神带给了我巨大的力量，让我在教育教学实践的岗位迈出了更有力的一步。成长是一个学习过程，更是一种幸福。同时我也看到了自身的不足，现将本学年的工作总结如下。

一、名师引领，积极向上

从赵老师那里我看到了什么是"孜孜以求"。赵老师用自己的亲身经历启发我们做人做事的道理，我们都深受感动。刚开始，对于理论学习方面，我们经常向赵老师请教，她耐心地指导我们，用实际行动教会了我们"为人师者要有大爱，为人师者要志存高远，为人师者要从心做起"。工作室的成员，虽然工作忙碌，但是工作室的活动大家都积极参加。工作室中的每位老师各有特色，每次活动，我们都是互相问候、交流谈心、畅所欲言。

我时时以工作室成员的准则来严格要求自己，平时工作主动上进，业务上刻苦钻研，时时以身作则，处处为人师表。为了加快成长的步伐，我踊跃参加各类活动，提高自己各方面的能力。2021年4月26日，工作室全体成员参加了德州市名师领航工作室专家指导现场会。在这次培训中，我从张华教授身上学到了在任何时候要抓住机遇，成长自己，要敢闯、敢干、敢实践，不断学习提升自己，做一个有创新的教师。从嵇成中教授的讲座中，我学到了，教育要面向未来，凡见皆非未来。面向未来的教育核心是今天在学校学习的内容。迈向理解的教育，超越事实，迁移应用。"知道＋做不到＝不知道"，在日常的教育教学中，教师力争让学生能够迁移应用，达到真正的理解。这样，学生既知道又能做到，久而久之，学生才能不断地发展。

二、理论积淀，提升素养

赵老师总是鼓励我们，要做一个有心人，多动动笔，因为"思想的火花稍纵即逝"。她要求我们多学习，她经常为我们提供一些刊物和图书，以供我们学习及研究。在这一学年中，赵老师为我们提供了《追求理解的教学设计》和《劳动教育论要：现实畸变与起点回归》。我有计划地认真学习这些全新的教育理念，以提高自身素质。在阅读的同时，我们也写下了相关的心得体会。赵老师将老师们的体会进行整理，供大家学习。在我们工作室的公众号里，内容有教学案例、学习体会、阅读体会等，可谓百花齐放。这些都是我们成员的学习成果，是我们"学习、实践、反思、再学习"的学习过程。

三、乐于求索，积极教研

加入工作室后，我积极参加工作室各项实践交流活动，参与了开发区及其他县市区的公开课交流活动。2021年4月9日，我参加了赵凤华名师领航工作室在德州东城小学举行的劳动教育研讨会。在本次会议中,我们听了东城小学孙悦老师执教的"学叠衣",孙老师的这节劳动实践课不仅提升了孩子们的劳动意识,也增强了同学们的生活自理能力,体验了小伙伴们一起发现问题、探究、实践进步的快乐。在吴立静老师执教的课堂中,老师真正起到了"导"的作用,真正把课堂还给了学生。在听完两位老师的课后,聆听了马媛媛老师和王万红老师的报告,从两位老师的报告中可以看出,孩子们在劳动实践中不仅丰富了劳动知识,而且也掌握了很多新的劳动技能。

2021年5月,赵凤华老师带领我们来到了陵城区教师进修学附属小学,呈现了一场教学盛宴。在这里,我们领略了赵老师的授课风采。在听完赵老师的综合实践课之后,我觉得收获丰富,无论在综合实践的教学设计还是教学过程方面,自己又往前迈了一大步。后来,我们又在杨庄小学聆听了工作室成员陈聪老师和尹元元老师的公开课,并对两位老师的公开课进行了评论。在评课过程中,老师们积极发言,探索交流。

四、对工作的反思

很庆幸能加入这个工作室,来到这里,才发现它是一个思想的圣殿,才发现自己学得太少,读得太少,写得太少,反思得太少……通过在其中的学习与交流,我深刻地体会到"学然后知不足",通过反思，我发现想成为一名专业化的研究型教师还有很多路要走，还有许多方面需要继续努力。唯有做学习型、研究型的教师，才能不断超越自我，使自己的工作更扎实、更有效、更完善、更优秀。对此，我将继续努力。最后，以一首藏头诗结束我的总结。

> 赵姐引领劳技课，
> 凤台日高群贤歌。
> 华夏杏坛人人秀，
> 名片今日师师优。
> 师者育人终不悔，
> 工作壹年业绩伟。
> 作业今朝来回顾，
> 室雅书香众人舞。

（陈英超）

名师引领,力学笃行

岁月如梭,在不知不觉中,进入赵凤华名师领航工作室已经快一年了。回忆这一年在工作室里的学习,我感到受益匪浅。此平台不但帮助我拓宽了眼界、提高了自身的素养,而且还让我更加深切地了解到自身的不足之处。现将一年的工作总结如下。

一、思想积极上进,力求提高

在思想上,我积极进行政治学习和课程训练,认真学习现代化的教育理论,进一步提高自己的教育理论技术水平和综合素质。在工作中,我积极主动、认真负责,乐于接受工作室安排的各项工作。根据工作室计划的具体规定认真地学习教育知识,在理论学习中丰富自我。进一步钻研教材、课程标准,钻研教学方法,感悟新课程的性质、价值、理念,以增强自身的业务能力。在工作室的各种活动中,我学习了许多教育教学理论知识并打开了眼界,同时利用不同渠道对搜集的有关资料进行了仔细阅读、记忆,心中对教育教学工作的目标更加明确,方向也更清楚,为教学工作的实施奠定了基础。

二、乐于参加活动,不断提升

从进入工作室开始,我就一直在主动参与工作室举办的相关活动,并服从工作室的相关要求。外出培训以及综合实践活动的参与让我的理论层面得到了提高。前辈们的指导和与同行们的沟通学习，都使我深深地获得了启发，让我找到了学习的目标与方向，也知道了一步步提高自我的正确路径。

三、致力教改科研，学以致用

我把在工作室的各项活动中学到的东西运用于工作实际，经常反思自己的教学活动，在实践中反省，从反思中获得了提高。同时，我还积极地认真学习理论知识，积极撰写了

课堂设计、教育随笔、课后反思、教学文章等，在一定程度上培养了教科研能力。在2021年"全国名师工作室创新发展成果博览会"成果评审中，我的教学设计"狐狸分奶酪"被评为优秀教学设计一等奖。

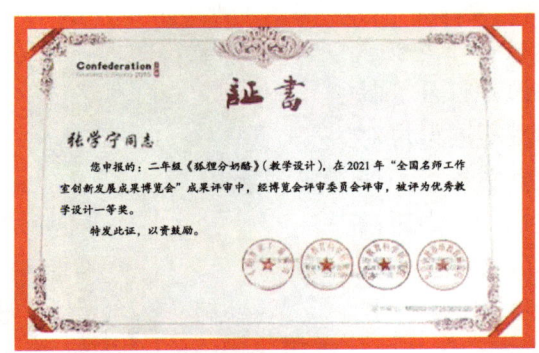

四、注重培养

综合实践活动主要和学生的生活有关，而且大部分课题都是关于学生身边的事情。在实施教学任务时，我都大胆地放手让学生利用课外的时间开展调查研究活动，让学生采用访问、上网查找资

料等方法来完成课程的相关学习内容。这样的学习方法不仅使课程活动活了起来，同时也使学生更加真实地体会到知识就在我们的周围，学生学习的积极性高涨。一学期之后，学生制订计划的能力、综合分析的能力、统计收集的综合能力都较上学期有了显著的提高。综合实践活动课程在每节课中都渗透了很多的操作项目，而这些项目通常都是一些十分有趣的小活动。所以，我会和学生一起从网络上搜集相应的制作材料，并让学生在假期时间合作完成自己感兴趣的项目。结果一学期下来，我班同学的手工制作与小发明方面都有了丰硕的成绩。

五、努力方向

在明确自身不足的情况下，我为自己提出了以下奋斗的目标。

一是适时总结经验，加强反思，及时记录自己的经验与思考，并争取汇集成文，以更快地提升自我。

二是努力提高课堂教学的有效性，让学习者从每节课中都有更多的收获。

三是坚持基础知识的学习，强化专业知识技能的培养，提升自身素养。

四是加强与同行的沟通，力争在学习中有更大的提升。

在这一年中，我没有什么值得夸耀的荣誉和成绩，但工作室里好学上进、乐于开拓创新的所有同行都给了我很大的动力。在今后的工作中，我会不断地向工作室的同行学习，更严格要求自己，用自身的实际行动，使自己成为一名优秀的工作室成员。

（张学宁）

且行且思，砥砺前行

时光飞逝，繁忙而有序的 2021 年悄然而过。加入德州经济技术开发区赵凤华名师领航工作室也有一年的时间了，一年来我收获了很多，同时也看到了自身的不足，现将一年的工作总结如下。

一、学无止境——为有源头活水来

我们常说"腹有诗书气自华，最是书香能致远。"读书是最有效的学习方式，读书就是我们和专家和学者在对话。

工作室成立以来，我们就一直读书，在平时的工作与生活中，我们节约时间，共同阅读《追求理解的教学设计》，每周写 500 字的读书笔记。书中的理念很先进，更多的是给人们传输一种教学方式"逆向设计"，引领人们平时的教学设计与教学。我一边读书一边反思自己平时的教学工作，对自己的教学设计做出了改进。

在 2021 年暑假，工作室开展了"共读一本书"活动，我们共同阅读了《劳动教育论要：现实畸变与起点回归》，书中的每个章节都值得我们去研读，纵观历史，劳动教育并不是一个新兴的词汇，它传承了中华上下五千年的文明。在新时代，劳动教育又被提高了一个新的高度。读了《劳动教育论要：现实畸变与起点回归》，劳动教育的概念在心中也更加清晰了，更有意义的是解除了我心中的疑惑，为我以后的工作指明了方向。

作为教育者,我们应该紧紧抓住教育的方向,为教育事业奉献自己的光与热。读书过程中,我们共同研究劳动教育的意义,总结经验、更新观念,让自己的教育教学理念紧紧跟上课改的步伐,前往最新理想教育的那一片蓝天。

二、追本溯源——绝知此事要躬行

"实践是检验真理的唯一标准",如果想上好一节劳动课,光有理论是不够的,必须真真正正地站在课堂上去讲授一节。秣马厉兵,教研先行。在上课之前,

我们参加了多次优质课观摩活动,为上课打好了坚实的基础。

2021年5月13日,在德州市教育和体育局的安排下,赵老师带领工作室13名成员来到陵城区教师进修学校附属小学,呈现了一场教学盛宴。这是我第一次真切地现场观摩劳动教育课,课堂气氛活跃,学生参与度很高。本次活动中,无论是听课还是评课,都让自己对劳动教育课有了更深刻的认识。

接下来,我们利用暑假时间进行了网络研修,观摩省内优秀的劳动教育课程案例,在研修中我明确了劳动教育"教什么""怎么教""怎么评"的问题,提高了专业知识水平,教育理念得到了更新,也明确了以后自己努力的方向。

开学伊始,在赵老师的带领下,陈聪老师与尹元元老师分别为大家带来了"弯弯的月亮"与"创意拼盘"两节精彩的课程,这是工作室成员首次进行课例展示,两位老师的课堂驾驭能力非常好,课堂气氛活泼,从课堂中可以看出两位老师对劳动课程进行了探索并加入了自己的想法,课堂教学取得了显著的成效,获得了听课老

师的一致好评。

三、春生夏长——映日荷花别样红

自参加工作室以来,我努力向同行学习,虚心向大家请教,以期快速提升自己的教育教学水平。参加活动之后都能及时撰写心得与反思教研。

在本年度共完成"追求理想的教学设计"十篇,《劳动教育论要:现实畸变与起点回归》读后感一篇,《陵城研学有感》一篇,《守得云开见红日,拨开云雾见明月》网络研修感受一篇,教学设计五篇,在赵老师的带领下,我们对自己的教学设计进行筛选和修改,最后每人确认两篇教学设计,并最后装订成册。我也阅读了很多工作室成员的作品,知道了自己的不足和今后努力的方向。

一年了,我们不但在工作室这片沃土上留下了自己的足迹,更在这里收获着成长。在忙忙碌碌的工作中付出辛勤与劳累,在前行与逐梦中感悟到人生的遗憾与快乐,在教育教学中领悟到劳动教育的无穷魅力。

(张雪芳)

专业引领，携手成长

时光匆匆，转眼间，加入这个热情、温馨、积极向上的工作室已有一年多了，一年的教学与实际工作，尽管紧张、忙碌，却收获很多，感悟很多。

一、积极学习

在这一年中，我积极主动地参加了工作室的各类培训，快速地提高了自我，并根据工作室安排的有关规定，认真掌握教育教学理论知识，在理性认识中充实了自己。在这期间，积极钻研新课程标准，感悟素质教育新课标的性质、价值、理念，进一步增强了自身的教学业务能力。在工作室的各类活动中，利用多种渠道找到相关书籍进行充电阅读，拓宽了眼界，并对课堂管理工作的总体目标更加明了，导向也更加明晰，为课堂教学管理工作的实施奠定了基础。外出培训和教师综合实践教育活动的参加，使我的教学理论知识水平也获得了提升，更近地接触了前沿的教育课程思想。多样的教育活动也使我拓宽了对教育课程的眼界，为学校今后的发展打下了扎实的基础。

二、学以致用

"学了不会用等于白学"我常常对学生这么讲。所以我坚持将从工作室学习到的知识运用于课堂教学中。

1. 教改科研

在过去的一年里,我将从工作室中所获得教学理论运用到了自己的课堂教学中,并认真加以提升,经过进一步地研究、探讨,总结出了一种符合我们学校学生特点的、实际可行的教学模式。在教研中,我与本校教师倾囊相授,本校教师的教学水平也在逐步提升。

2. 帮代工作

我不仅严格要求自己勇于创新,回到我校,我也发动本校教师大胆尝试,并把工作室学到的点滴经验,与本校教师进行交流与探讨,学习一些教育思想、课改的意见等。在课堂中,积极与各位教师集体备课。这次工作室的学习,让我无论在教学还是管理方面都有了质的提升。

3. 注重培养

综合实践教学活动和学生的生活息息相关。在实施教学任务时,我大胆地放手让学生利用课外的时间开展实验研究活动,让学生利用走访、网络查阅资料等方式,来完善课堂所学的内容。这样的实验教学方式不仅使课堂活动活跃起来,同时也使学生更加真实地体会到知识点就在自己的周围,学生复习的积极性也非常高涨。一学期以来,学生们制订与规划的综合能力、数据分析的综合能力等都较上学期有了显著提高。

三、努力方向

一直以来,我在实践中不断反省,不断总结经验,逐渐找到了自身的不足之处,并确定了奋斗的方向,提出了以下奋斗的目标。

一是在课堂教学有效性上下功夫,让学生在每节课程中都有更大的收获与创新点。

二是及时汇总成功经验,可以提高反省的能力,把自己平时工作积累的成功经验、宝贵的思想及时记录下来,从而更快地提高自身的管理水平。

四、不足之处

一是对于这门学科,深深认识到了自身专业知识储备的欠缺,今后还需要在平时的生活、教学工作中为自身进一步充电。

二是对综合实验活动,学生只有热爱是不足的,还必须具有良好的自主学习、主动探索、自主探究的精神。

三是由于身边的资料利用还不足,我想在今后的生活中要努力争取其他有关人员的支持。

工作室将不仅仅为我们提高自身素养创造平台,而且还将形成一个相互教学、相互帮助的大家庭。在这个大家庭里,我们看到了自我前行的方向,在这个大家庭里,我们更感受到了团队互助共进的激情,在这个大家庭里,我们更领略了名师的风姿。

在教育教学改革的今天,社会各界对教师业务素质的需求也更高了,在今后的教育教学工作中,我将更严格地要求自己,更加勤奋工作,发挥优势,克服缺点,开拓进取,努力成为一名出色的教育教学工作室成员。

(王 玮)

一路繁花,一路收获

2021年1月,有幸加入了赵凤华名师领航工作室,一年的时光在忙碌和有序中悄然而过。在工作室创建人赵凤华老师的带领下,整个团队的成员不断创新、积极进取,收获了累累硕果。而我也在这个团队中不断成长。盘点一年的工作和学习,有收获,有梦想,也有感动。现将我一年的学习心得总结如下。

一、搭建平台,指明方向

赵凤华名师领航工作室有各级领导的支持、专家的引领、名校的带动,为团队中学校的发展和个人的成长做坚强的引路人。在赵凤华老师的引领下,工作室活动开展得有声有色、如火如荼。2021年1月开展了"线上学习促提升,云端教研共成长——山东省优秀课例观摩学习"活动;2021年4月开展了"深入开展劳动教育,我们正当时——工作室研讨会",会上展示了工作室成员的优秀课例和两所学校劳动教育的主题报告;2021年4月,又参加了山东教育科学研究院组织的"小学综合实践活动"直播会议;2021年5月观摩了"泰安市综合实践活动优质课评选";2021年6月参加了山东省新时代中小学劳动教育研讨会直播会议;2021年11月参加了"山东省小学综合实践活动(劳动教育)"在线直播会议;2021年12月参加了在夏津举办的德州市综合实践与劳动研讨会……工作室各位老师在各项活动中积极参与;在课堂上一展风采,挥洒自如,引人入胜;在研讨中思维大开、各抒己见,引人深思;在生活中风趣幽默,亲切随和、团结友爱。这样的团队,无时无刻不散发着爱和智慧的力量。我乐在其中,学在其中,在工作室充实、团结、和谐的氛围中逐渐成长。

二、理论积淀，提升素养

为了促进我们的个人成长，赵老师为工作室的每位成员都购买了《追理想的教学设计》《劳动教育论要：现实畸变与起点回归》等优秀书籍，并且带领我们每日读书打卡、每周群内上传读书心得；每学期约定时间开展读书分享交流。工作室一直提倡阅读，也做过很多阅读活动，比如读书月、读书周、读书交流比赛等。赵老师引领我们从专业阅读走向生命营养，养成勤奋、反思、写作、创新的习惯；引导教师不断学习，学会站在大师的肩膀上进行专业阅读，站在团队的肩膀上进行专业交流，站在自己的角度进行专业反思；养成乐于阅读、乐于分享的好习惯，通过阅读不断提升素养，不断完善和丰富教育智慧，不断成长进步。

三、乐于求索，积极实践

再好的理论必须应用于实践，工作室主抓课堂和教育实践活动。课堂是教师教学的主阵地，工作室的成员通过观摩优质课和示范课、自身开课、互相评课、研讨课交流等活动，互相学习，提升教学能力。同时鼓励教师打造自己的教学风格和特色，智慧地、有爱心地教育学生，不断增强自己驾驭课堂灵活性和技巧性的本领。另外，赵老师要求我们根据自己的学校地域和实际情况，形成自己的特色，力争一校一品，各美其美，美美与共。例如，杨庄小学的"葫芦娃"课程；赵宅中心小学的"二十四节气"主题课程和活动；大韩小学的"劳动小当家""环保卫士在行动""劳动创造美"等实践活动；沙王小学的劳动教育实践基地，真正做到了一校一特色。

沙王小学也充分利用劳动教育实践基地的优势，让劳动教育走进课堂。在打造学生劳动实践基地过程中，提高了劳动教育课教师的水平和能力。2021年，在推动"双减"落地落实过程中，实现课后延时服务的基础上，围绕学生自理能力、手工劳动、生产劳动、创造性劳动四个方面，以体验式、探究式学习方式展开，全面锻炼学生的劳动实践能力。例如,学习了许地山笔下的《落花生》,教会学生一个道理,"做人就要做有用的人,不要做只讲体面,而对别人没有好处的人,要像花生那样踏踏实实,不求虚荣"。教师带领学生走进学校劳动教育实践基地,体验收获花生的快乐。在教师的指导下,学生用细嫩的小手抓住花生植株,将其连根拔起,一粒粒花生带着泥土的芬芳呈现在阳光下。学生洋溢的笑脸映着晶莹的汗水,不仅收获了花生,更收获了劳动的快乐和与他人合作的快乐。秋天到了,我们开展了"我和秋天有个约会",孩子们兴奋地走出教室,用自己的小手把一片片落叶粘贴成精美的图画。收获的季节,我们开展"挑战舌尖上的味道——美食技能大比拼",学生从食材的准备到美食的出炉,真正的掌握一道道美食的制作过程。总之,学校以劳动实践基地为契机,让劳动教育走进课堂,带领学生了解中华优秀传统农耕文化,让教育最终回归生活、回归于人的发展。

> 新时代 农耕劳动教育实践

　　一路走来一路歌声，一路繁花一路收获。下一步，我将继续努力，和赵凤华老师及工作室其他老师同频共振，为综合实践学科教学注入新的生机与活力。沙王小学也将持续扎实推进劳动教育，与德州市农业农村局紧密合作，成立教科研专项小组，建立课程体系，为实现一体化美育劳动教育，构建劳动教育家庭、学校、社会合育机制，为学生创设更优质的教育环境。

（张春霞）

名师助力，伴我成长

非常荣幸自己有机会加入德州市经济开发区名师培养计划，真正地想通过工作室的学习和活动提升自己的教学理念和教学水平，我也时刻督促自己保持一个持续的、高昂的工作状态，做好自己的本职教学等工作。

现将加入工作室以来的工作从四个方面进行汇报，分别是积极参加工作室的活动、学校常规工作的落实、促进教学质量和教师的成长、后期努力方向。

一、积极参加工作室活动

2020年，我非常幸运地加入了赵凤华名师领航工作室。工作室活动丰富，参加德州市的专家指导培训会，有多名专家领导做培训，开阔了视野；赵凤华老师赴陵城区的送教课，我们认真搞教研，认真探讨，加深了自己对活动课的理解。

工作室给我们订阅的统一书目《劳动教育论要：现实畸变与起点

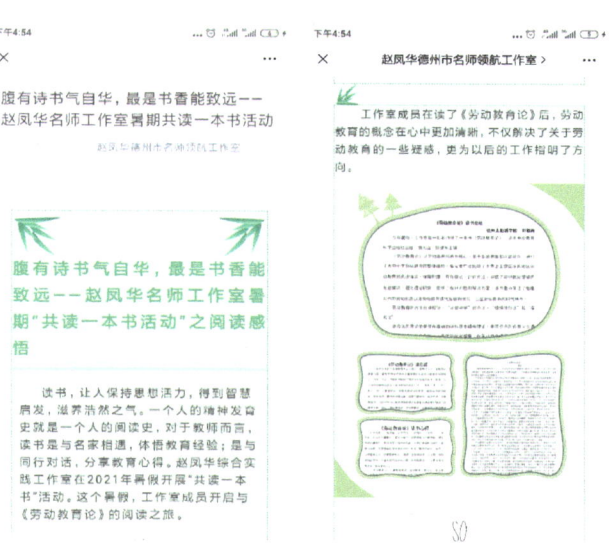

回归》,我认真阅读,书写读书笔记,并发表在公众号上,我督促自己要经常阅读,并写好读书笔记。工作室成员进行课例探讨,我每次都是积极参加,认真学习,敢于发言,不断地提高自己。

二、学校常规工作的落实

教师认真备课、上课是保证课堂效率的关键,综合组教师认真对部门教师的备课、作业批改和特色作业进行检查,及时表扬先进教师。

课堂教学保证高效,并注重联系生活实际。教学中注意培养学生的探究能力,带学生走进科学实验室动手做实验,体验探究的乐趣,培养科学探究精神。

鼓励学生多阅读科普

书籍，提高他们的科学素养。作业设计鼓励他们设计思维导图完成手抄报，让科学活动丰富多彩。

三、促进教学质量和教师成长

为促进教学质量，我们还多次开展全校学科活动，四至六年级全部参加。经过初赛、复赛和决赛三轮的比拼，其中"积累学科知识，争当科普少年"活动在报告厅举行，得到校领导的认可，国旗下的颁奖鼓舞了学生的学习斗志。

科学注重实践活动，大力发展劳动教育，因此我将课堂搬到了菜园里，学生下地翻土、种植、浇水，体验到了劳动的乐趣。

为促进教师成长，每学期我带领团队教师学习小学科学课程标准，学科组教师完成学习笔记，大家都反映这样的活动非常有意义。

为打造高质量的课堂，培养合格优秀的教师，骨干教师率先示范，起到了很好的带头作用。

教学离不开教研，科学组定期开展教研活动，保证教学计划的统一，教学中的经验拿出来一起分享，教学中的困惑一起头脑风暴，寻找解决问题的办法。

科学组教师也努力申报学校的课题活动，本学期的课题也顺利入选，完成了开题报告，课题活动让科学组教师时刻走在思考和教研的路上，让教师都成为能研究的智慧型教师。

四、后期努力方向

自加入工作室以来，我一直严格要求自己，认真做好教学工作，对得起教师的良心，对得起成长中的学生。教学还需要智慧，还需要方法，在以后的工作中我还是要多读书，多请教，不断提高自己业务水平和思想觉悟。

我作为科学组教研组长，也将不断提高自己的专业水平。赵凤华老师给我们提供了不少的平台，让我们参与其中，我将以此为契机，珍惜学习的机会，努力从各方面提升自己，为学校的发展贡献绵薄之力。

（刘敬梅）

第六章 劳动教育工作室教育随笔

> 新时代 农耕劳动教育实践

"伙夫"老章

　　一年级七班教室里,班主任章建军老师正在给学生煮鸡蛋。学生熟练地拿出一张白色餐巾纸铺在课桌上,静静地等待章老师把熟鸡蛋放到自己面前。"磕一磕,滚两滚,剥三剥。"章老师边分鸡蛋边说。教小学生久了,他很喜欢用这样的三字词来归纳事情,因为这样对于一年级的学生来说听得懂、学得快。

　　分完鸡蛋,章老师放下锅,再拿一个旧塑料袋,准备收学生剥下的鸡蛋皮。蛋皮剥下,放到白纸上,包好。学生剥蛋皮的速度可真快,然后小心翼翼地把蛋皮放进章老师准备好的袋子里。

　　2021年9月1日德州经济技术开发区响应政府号召开始实行晚辅,章建军老师的班里有38名同学全部在校晚辅。因为父母工作原因,有的同学从早上入校到晚上放学,在校时间会长达八九个小时。而且由于中午在校就餐的人数较多,学校实施错时就餐,一年级11点就吃饭了,没到下午放学的时候,很多孩子就饿了。有一天下午,几个学生跑到章老师办公室说:"老师,我们饿了。"章老师拿出自己在家里带的一点零食,分给学生,同时这件事也给章老师带来了触动。章老师了解到,幼儿园里多数会提

供晚饭，而一年级的学生刚刚从幼儿园升入小学，正是身体发育的关键时期，饿得快。章老师借鉴幼儿园的做法，与家委会协商让孩子们在下午五点吃一顿晚饭。家委会又征得了全班家长同意，开始实行晚上加餐。家委会的家长们集体采购了小面包，章老师每天下午五点准时发放小面包，一人一个，以保证学生不会在放学前饿肚子，顺利做好幼儿园到小学的过渡。

美味的小面包也得到了学生的欢迎，一天高伟康同学拿着小面包，兴冲冲地来问章老师，"老师，我可以拿给姐姐尝尝吗？她班没有小面包，她们可馋得慌呢！"姐姐在四年级一班，和一年级七班是邻居。章老师告诉学生："孩子们，你如果想分享给家人或好朋友吃，要告诉章老师，章老师也要分享你的快乐。"

小面包有两种口味，学生可以选择自己喜欢的口味。可是后来，章老师觉得面包虽然好吃，但是糖分太多，一年级的孩子正值换牙期，面包吃多了对学生的牙齿不好。于是，章老师又开始调查：全班38人有30人愿意吃白水煮鸡蛋；而且据专家建议，青少年儿童每天要吃一个白水煮鸡蛋，以保证身体和大脑发育。章老师又邀请家委会调查家长们的意愿，全部家长都表示同意章老师的想法。那么每天谁来给学生煮鸡蛋呢？章老师自告奋勇地承担起了每天煮鸡蛋的任务。于是就有了文章开头的那一幕。

每周一家委会都购买一筐鲜鸡蛋送到学校，于是每天下午章老师又多了一份工作，煮鸡蛋。章老师很会利用煮鸡蛋的机会对学生进行劳动教育：刚开始是章老师自己数鸡蛋、洗鸡蛋、煮鸡蛋，学生在旁边围着他看他操作。后来章老师慢慢放手让学生做，他在旁边指导。章老师也经常对家长们说，一定要让学生做一些力所能及的事情，让他们有成就感。最重要的是让学生能有独立劳动的意识和信心。有一次有个小男孩在洗鸡蛋的时候不小心把鸡蛋捏破了，紧张得不行，怕被老师批评。可是章老师一句都没有批评，反而鼓

新时代 农耕劳动教育实践

励他：小男子汉力气够大的，看来在家里没少帮妈妈干活儿！但是洗鸡蛋的时候就得用小点劲儿了，因为鸡蛋壳太脆弱了。那个小男孩不但没有受到批评，反而被老师鼓励，越干越起劲儿了。

煮鸡蛋，也不简单。有的人煮的鸡蛋生了，有的人煮的鸡蛋容易老，有的人煮的鸡蛋不好剥皮，有的人煮的鸡蛋又香又嫩又有弹性。章老师和学生也在不断地总结煮鸡蛋的方法，上午大课间数38个鸡蛋，放入大盆里，加入清水，要没过鸡蛋。午饭后清洗，放入电高压锅里摆好，加入3/4的水，盖上锅盖，关闭泄压阀，插电（这一项操作规定由章老师完成，学生不能操作），设成煮饭模式。

章老师发现煮饭模式下，鸡蛋煮得稍微发黑，煮过了点儿。于是再改进，继续选用煮饭模式，但是时间设成为24分钟，到时间断电源。这样正好！出锅的鸡蛋不老不生正好吃。煮鸡蛋还不能把磕破皮的放进去，这样的鸡蛋遇到热水就开花了，开花的鸡蛋学生就不愿意吃了。

学生许叶彤的妈妈说："俺家孩子天天可盼着去上学了，说章老师每天煮鸡蛋给他们吃，对他们可好啦！章老师煮的鸡蛋比妈妈和奶奶煮的鸡蛋都好吃！"

王馨婕的奶奶说:"有一天放学,孙女在书包里带回来一枚煮鸡蛋,还热乎乎的。孙女说是给我带回来的,让我尝尝。是章老师给他们煮的鸡蛋,可好吃了,自己舍不得吃,非要让我吃!我家孙女长大了,知道想着奶奶了。这也得感谢章老师啊!让孩子们长知识,还知道孝敬老人。"

再来说说章老师的锅。旧锅前身是新锅,新锅前身是豆浆机。原来学校里没有餐厅,不能自己做饭。午餐是配餐制,在另一所学校做好,送到这所学校来。有馒头,有菜,没有汤。为了让学生吃饭的时候有汤喝,章老师在家里拿来豆浆机,买了三斤黄豆,开始给学生打豆浆,这样每名学生都能喝上热乎的豆浆。学生回家一说,章老师每天给我们打豆浆喝,不几天,就有家长送来了几斤黄豆,还有的家长送来了小米。有了家长的支持,章老师更加坚定了学生做豆浆和热粥的决心。慢慢地,豆浆机就满足不了需要了,章老师又自费买了大号的电高压锅,开始煮小米粥、大米粥、红豆汤、绿豆汤、黑米粥……一周五天都不重样,孩子们快快乐乐地喝了两年章老师熬的粥和打的豆浆。

家长刘友兵说:"遇到章老师这样的老师真是孩子们的福气!章老师不但教给孩子们知识,在生活上给孩子们这么多无微不至的关怀,也特别让我们家长感动!"

今年,章老师还是带一年级的学生。这已经是章老师连续第三年接一年级了。一年级的学生最难带,很多老师都不想接受这块烫手的山芋,但是章老师却主动迎难而上,主动要求接一年级的班,并且担任班主任和整个年级组的年级主任。明知山有虎,偏向虎山行。在章建军老师的带领下,一年级组的办公室一团和气、团结一心,年年被评为"最美年级"。

后来学校餐厅生火做饭了,有馒头,有菜,也有汤。章老师的电高压锅就被放置起来,孤零零在一个角落里发呆。

2021年9月开始,学校有了晚辅,章老师考虑到学生在校时间很长,一年级又是身体发育的关键时期,于是他的锅又有了新的用处——煮鸡蛋。

　　章建军老师只是人民教师里的普通一员,没有什么荣誉,也没有豪言壮语,他只是默默做着他自己认为值得的事情。办公室的老师们有时候戏称他为"伙夫",章老师听了微微一笑,伙夫就伙夫吧!只要学生喜欢就好。

　　话说"伙夫"老章,不但给学生熬粥煮鸡蛋,还给老师们做过饭呢。章老师前些年去过两所农村小学支教,每所学校支教一年。他深刻体会到了农村教育与城市教育的不同,了解到了农村留守儿童比城里要多,知道了农村老师来到城里学校就不愿回去了。如今国家政策向农村教师倾斜,农村教师才倍感幸福。但他们的午饭还是个难题。在支教的某校,校长雇了个保洁李阿姨,她还兼着给6位老师做午饭,也有的老师自己带饭。没几个月李阿姨干够了,活不算累,做饭做烦了,这个嫌淡,那个嫌油;这个愿意吃辣,那个愿意吃甜。一人难称百人心,李阿姨辞职走了,保洁工兼做饭工,再也雇不到了。

　　章老师教学任务稍轻一些,他自告奋勇当起了不要报酬的做饭工,有空闲的老师也会帮忙择菜、洗菜、切菜等。

　　全校总共11名老师,吃饭的老师由6人增长到8人。老师们不好意思说饭菜不好吃,章老师就在吃饭时,观察他们的表情,看他们盛得多少。悄悄总结,认真改进,每天吃饭时人们都要谈到明天的午饭安排,章老师让吃饭的老师每人安排1次午餐食谱,如什么菜、什么汤。

　　章老师是个不要报酬的"伙夫",但老师们都称他为"大神"。他懂得可真多,修门、修锁、修旗杆,电脑技术首屈一指,因此也有人称老章为"劳模"。老章,淡然处之。

(杨永卫)

利用丰富的农耕活动提升学生德育素养

一、前情回顾

六月，仲夏，麦黄时节，在"梦想一号"小组成员的精心呵护下，在全校师生的千呼万唤中，农耕园里的西瓜终于可以采摘了。

周末的清晨，"梦想一号"的孩子们聚在地头儿，兴致勃勃地讨论着哪个西瓜最大，猜想哪个最甜……丝毫没有顾及头顶的烈日、树上的蝉鸣。

采摘开始了，七个孩子争先恐后地奔向了自己心仪的西瓜，手忙脚乱地摘下来，抱在怀里，兴奋得手舞足蹈，"甜吗？""好吃吗？"这似乎是孩子们最关心的问题，甚至有个孩子悄悄地把西瓜砸了一个小洞，鲜红的瓜汁流了出来。孩子们似乎完全没有顾及脚下的瓜秧。

在我再三要求下，大家恋恋不舍地把西瓜放在操场上，嘴里讨论的仍然是哪个最甜，哪个最好吃，兴奋过后，宗永帧和仲振声终于按捺不住，提出了自己最关心的问题："老师，这个西瓜可以吃吗？"

"当然！"

"老师，怎么吃呢？我们手里没有带水果刀，周末，餐厅又关门了！"

"大家想办法自行解决。"

令我没有想到，其中一个女孩不假思索地抡起小拳头使劲儿锤起西瓜，其余的孩子看到后也兴奋地举起了拳头，把那些或大或小的七八个西瓜全砸开了，这是德州市农业科学院专家提供的最新培育的白、黄、红壤的西瓜，他们并没有仔细地去观察瓜瓤和种子的区别，而是不约而同地把目光落在那个有着红红瓜瓤的西瓜上。似乎是为了宣示"主权"，有幸砸到红瓜瓤的女生，张嘴咬了一口，其余的同学也就不再抱有幻想了，低头啃起了手里的西瓜，红汁、黄汁顺着嘴角流下来，大家吃得很开心，完全忽略了一直陪伴左右的班主任和负责摄像的我。操场上留下了大大小小的瓜皮和黑、白、黄三色的瓜子。

二、现状分析

（一）学生年龄特征的真实反映

现在10岁左右的孩子可以说是家里的"小皇帝"，全家人都围着他们转，对他们的要求几乎是百依百顺，所以现在的孩子呈现出了自私自利、以自我为中心、受不了批评、逆反心理逐渐增强的特点。从心理学的角度分析，好吃、好玩、好动、好奇，这也是孩子的天性，他们特别是对新生事物有着浓厚的兴趣，凡事都想亲自动手尝试，做事不顾及后果，给人的感觉是好动、不听话、叛逆。所以出现以上场面也就不足为奇了。

（二）家庭、学校教育理念的影响

现在的生活节奏越来越快，人们的生活压力也越来越大。许多父母整天忙于工作、挣钱，根本没时间关心孩子、教育孩子，还有的家长只关注孩子成绩，对孩子的行为习惯、生活习惯、文明礼貌等习惯不闻不问，致使许多孩子的思想品德出现了偏差。再就是现在有的学校片面追求升学率，学校的德育流于表面形式，或者只是通过严格管理来制约学生的德育行为，或者是通过一些空洞的说教来灌输学生，学生没真正地从心灵深处接受德育感染，所以没养成良好的德育行为。

三、德育措施

（一）利用学校试验田，培养学生良好的劳动习惯

记得我小时候，几乎每天放学后、周末、假期都帮父母做农活，春季给小麦浇水施肥，夏季去玉米地里除草松土，秋季收获瓜果梨桃，冬季劈柴编席。我通过亲身做这些农活，从小就懂得"谁知盘中餐，粒粒皆辛苦"的良训，所以我从来不浪费粮食，也教育我的孩子珍惜粮食。小时候做农活的经历，对我来说，是一笔用任何金钱都买不来的宝贵财富。可现在的孩子，几乎是衣来伸手、饭来张口，许多家长怕孩子累着、碰着，从来不让他们劳动，这样，无形中就使孩子养成了懒惰、贪图享受的坏习惯。

针对现状，我们在学校开辟了试验田，承包到班，班内分组，人人有责，人人有活。这样为学生提供了劳动、实践的场所，为学生提供了观察、记录的内容，有效地提高了学生观察与实践、知识与劳动技能相结合的能力，使学生获得了丰富的劳动经验，同时，也缓解了学生学习的紧张与疲劳，更使学生从小认识到劳动的意义，养成良好的劳动习惯。

（二）利用学校周边河流培养学生良好的环保意识

我们学校紧邻减河湿地。这一段的减河本是污水河，后来经改造，变成了风景秀丽的湿地公园。全长 11 千米，分为不同的湿地群，我们充分利用这"生态湿地"这一优势，开展了"知我湿地""管我湿地""记我湿地""爱我湿地""宣我湿地""兴我湿地"等一系列文体实践活动。使学生领悟到"绿水青山就是金山银山"的理念，同时也树立"人与自然和谐共存"的环保意识和生态建设的理念。

（三）利用学校周边农田培养学生勤俭节约的美德

我们学校处于城乡交界处，为我们开展农耕活动提供了丰富的资源。2021 年 6 月 9 日，正值麦收季节，农田里的人们忙忙碌碌、

挥汗如雨。我带领全班学生来到学校东面的农田里，给劳作的人们送去了清凉的矿泉水。农民们说"这些孩子真懂事，还是老师教育得好啊！"孩子们见到农民的辛劳，体验到烈日的无情酷晒，看到了农民收获粮食的不易，真正体验到了"足蒸暑土气，背灼炎天光，力尽不知热，但惜夏日长"的内涵。通过本次活动的开展，周边的农民对学生有了更进一步的了解，这有利于学生尽快融入周边的环境，也有利于培养学生节约粮食的美德，更有利于学生的健康成长。

（四）利用学校周边敬老院培养学生的爱和责任意识

尊老敬老是我们中华民族的传统美德，而现在的学生大部分被家长视为掌上明珠，许多事情都是被包办或代办。生活中，他们只知道索取，没有爱心和责任意识。因此我每月带领学生走近敬老院献爱心一次，或为他们表演节目，给他们增添生活的乐趣；或为他们打扫卫生，使他们环境优雅；或帮他们管理菜园，使他们得以轻松休息；或为他们送去水果、牛奶，使他们感受到社会主义大家庭的温暖和幸福。同时，老人们还鼓励学生，要好好学习，努力回报社会，做一名有爱心和责任心的优秀学生。"老吾老以及人之老"，作为新一代的小学生，只有不断为老人们送去温暖，让他们感受到我们的关心爱护，才能共同创造美好社会。通过这样的活动，久而久之，就能培养学生有爱心、有责任心、懂得感恩的美好品德。

（五）利用农村传统节日培养学生爱家乡的高尚情怀

农村传统节日是我们学校德育的重要资源。我们学校根据本校的实际情况，充分利用本地的传统节日，开展丰富多样的德育活动。例如，以"我家的节日"为主题，开展"我爱家乡"演讲比赛、"端午节踏青"征文、"元宵节手抄报"展览、"中秋节黑板报"评选、"农耕名篇佳句"诵读、"家乡美"诗文广播等活动，让学生对家乡的传统节日有了更深刻的了解，从而培养学生热爱家乡、奉献家乡的高尚情怀。

总之，农耕活动是我们学校很好的德育载体，既符合小学生的年龄特征，又符合小学生心理成长的特征；既有知识性，又有趣味性；既培养了学生爱劳动的习惯，又使他们增长了农耕知识；既引导学生传承了我国农耕文化的精髓，又使他们学习到了我国劳动人民的传统美德和实践智慧。

（徐凤芝）

教育似埋种，静待花开

在地里埋下一粒种子，经过我们精心的呵护，它会发芽、开花、结果……把生命中最精彩的一面展示出来。做教育无非就是在学生心中埋下一粒又一粒的"真、善、美"的种子，这些种子在学生心中会慢慢地发芽、开花、陪伴着学生走向幸福。教育家叶圣陶先生对此极为认同，他说："之所以教育是农业，绝不是工业，是因为受教育的人的确跟种子一样，都是有生命的！所谓办教育，最主要的就是给受教育者提供充分的合适条件，让受教育者自己发育、自己成长。"作为教育者的我们应该做好给学生创造成长的环境、选好给学生要埋的种子、给予学生无私的爱这三方面工作。

适宜的环境，万物皆可生长。花草树木，古之圣贤，皆为大同。要想成长就得向上、向美、向阳。学校、班级、家庭就应该创造出这样的环境和氛围，让其先带动一些学生成长起来，这些成长起来的学生再慢慢浸润其他成长慢或未开始成长的学生。让全体学生向上、向美、向阳为师者大任。

营造环境离不开文化渲染。班主任制定出属于自己的班级文化是有必要的。做学问者应该"为天地立心，为生民立命，为往圣继绝学，为万世开太平"。这些圣贤之言视为班级之约，回答了学生为什么要学习，要学习什么……2016年5月17日，习近平总书记在哲学社会科学工作座谈会上发表重要讲话。他指出，自古以来，我国知识分子就有"为天地立心，为生民立命，为往圣继绝学，为万世开太平"的志向和传统。一切有理想、有抱负的哲学社会科学工作者都应该担负起历史赋予的光荣使命。班级文化和理念其实也是在学生心中埋下的一粒种子。

学生内心就是一片肥沃的土壤，无论我们埋下什么样子的种子，它都会在学生内心扎根的，学生就会朝着种子生长的方向去成长。学校应该给学生埋下稳之种、学之种、爱之种；家庭应该给学生埋下孝之种、真之种、美之种；社会应该给学生埋下守之种、责之种、国之种。学校、家庭、社会三者不能自己只负责自己的"一亩三分地儿"，三者是相互配合的，相互支持的，一起努力把这些优良的种子埋在学生心中这片神圣的土壤中。

给学生埋下一粒稳之种。俗话说"老要张狂，少要稳当。"纵观古今中外，凡成大事者，则遇事镇定。学生受年龄特点的影响，做事时慌张、学习时稳不住心等，这些是普遍的现象。教师、家长应该教育学生遇到事情先稳定住自己的情绪，学会用平常心处理事情，人只有在平静的心情状态下，才能发挥出最高水平。师生共同去追求"不以物喜，不以己悲"的心境。

给学生埋下一粒学之种。俗话说"活到老，学到老。"学习贵在坚持，很多技能是量变到质变的一个过程。学习科学文化知识亦是如此。学者应该向师学，向书学，总之要向一切优秀者学习。把教室打造成书香教室、墨香教室，这不是简单的几个字，而是时刻提醒学生要学习，要读书。每位老师应把读书、学习的这两粒种子埋在学生心中，赋予精心呵护，让书香引领孩子成长，让书香在学生身上由内而外地散发出来。师生共同读书，一齐体会"万般皆下品，唯有读书高"的快乐。骑乘大鹏，俯瞰五洋；领略美景，以圣贤为榜样修己之身。学习不是每个人的唯一出路，而是每个人最近通往成功的道路。读书和学习这颗粒大饱满的种子埋在学生心中，让学生终生幸福。

给学生埋下一粒爱之种。俗话说"萝卜青菜，各有所爱。"爱要用心，心所到之处皆为华章。学生可以从老师身上读出慈悲之爱，可以读出宽厚之爱……老师身上出现这种爱之光环，那就是把自己的学生当成自己的孩子去对待，时刻换位思考"假如这是我的孩子，我该怎么办"。如果把老师的爱看作一股清泉，那么学生心中这粒爱之种将会无限生长。以爱育爱，代代相传，美好的人间就出现。

  家庭给学生埋下孝之种、真之种、美之种。俗话说："百善孝为先。"对于父母而言，身教大于言传，我们始终相信"最小的善行大于最大的善念"。父母放下手机游戏，捧起书本；放下乱吃喝，俯下身子陪伴。世间最好的爱的表达方式那就是陪伴。家庭教育受重视的程度越来越高。作为搞教育的人，有效指导家长科学教育孩子是工作的一部分，除此之外，年轻的家长也应该利用网络学习科学的育儿方法，教育孩子要率真，做一位"真"人。把一些中华传统美德的种子埋在孩子心中。积极配合老师让这些种子茁壮成长。

  埋下一粒种子，静待花开。时间或长或短，我们只需等待。灿烂或耀眼或低调，我们只需观赏。种庄稼也好，教育孩子也罢，都盼着有个好收成。征途漫漫，唯有奋斗……

（陈英超）

那些故事的力量

手拿打印好的教案，带着疲惫的心情，开始了我新的一天；面对日复一日冗杂的工作，我充满了无奈和懈怠；我经常牢骚满腹、行动迟缓，毫无幸福可言。曾几何时，教师工作变得如此不堪？要想改变这种无力感，必须激活热情，挖掘教育工作中鼓舞人心的力量。

一、态度决定一切

有一个励志的故事，讲的是三位砌砖工人的工作态度。有人问："你们是在砌砖吗？"第一位工人答："对，砌砖。"第二位说："对，我们是在砌砖。我们在做每小时一美元的工作。"第三位工人则摇了摇头，说："不，我在建造世界上最伟大的教堂。"十年以后，第一位工人还在砌砖，第二位工人成了建筑工地的管理者，第三位则成了这座城市的领导者。

其实，这样的现象在我们教师中常常见到。有的教师工作不积极，当一天和尚撞一天钟，而有的教师每天都能量满满，朝气蓬勃；有的教师工作方法陈旧，拒绝成长，而有的教师则四处请教，不停地学习……

思想有多远，我们就能走多远。同一起跑线上，态度决定一切。用美好的心情感触一切，敞开心扉，才会拥抱开心。

二、人生要有高度

优秀教师、先进工作者、师德标兵、最美教师，这些称号是很多教师的奋斗目标。其实，"人生高度"并不止于此，而是应该渗透在日常教育教学的点点滴滴——认真备课，用心上课，耐心辅导……哪怕再细小的工作也应该渗透着认真和智慧。拥有一颗平常心，把细碎的日常工作做到极致，就站在了人生的制高点。

许多年前，一个年轻人来到一家著名的酒店当服务员，这是他的第一份工作。他踌躇满志，暗下决心：一定要好好干！谁知，在新人受训期间，上司竟然安排他洗马桶，而且还要求他把马桶擦得光洁如新！他很沮丧，因为洗马桶在视觉上、嗅觉上都使他难以忍受。此时，他的一位前辈及时出现，这位前辈并没有说教，而是亲自洗了一遍马桶。接着，她从马桶里盛了一杯水，一饮而尽！她给了他一个微笑，而他已目瞪口呆。她用行动告诉他一个道理：把马桶擦洗得"光洁如新"，完全可以办得到。他恍然大悟，原来是自己的工作态度出了问题。在此后的工作中，他脱胎换骨，为了证实自己的工作质量、强化自己的敬业心，他曾多次喝过马桶水。几十年后，他建立了享誉全球的希尔顿酒店帝国，他就是康拉德·希尔顿。"就算一辈子洗马桶，也要做一个将马桶洗得最出色的人。"这就是他成功的奥秘所在。

做一个最好的清洁员、一个最好的老师、一个最好的自己，这本身不是一种目标，而是一种态度，也是一种人生高度。直到做得连自己都认为无可挑剔时，别人的眼中就只有感动和敬佩了。

三、让自己"跑"起来

两只青蛙不小心掉进了路边一个牛奶罐子里。一只青蛙想："完了，我是永远出不去了。于是，它很快沉了下去。"另一只青蛙不断告诫自己："上帝给了我坚强的意志和发达的肌肉，我一定能够跳出去。"它一次又一次奋起跳跃，不知过了多久，它突然发现脚下黏稠的牛奶变成了一块奶酪！不懈的奋斗和挣扎终于换来了自由的那一刻——它从牛奶罐子里轻盈地跳了出来。

当前，面对我国基础教育课程改革，面对学生发展核心素养，面对疫情期间的线上教学以及"双减"政策的印发，教师也像那两只青蛙一样，陷入了一种前所未有的挑战之中。新课程改变了传统教育观念，面对挑战，教师需要及时转变教育观念，树立新的课程观、教学观、评价观。在教学行为上，教师要学会理解，学会宽容，注重帮助和引导，学会反思，学会合作，明确教师角色，面向全体学生，促进学生的个性发展，通过"教"唤醒学生的"学"。这些都需要教师努力地"跑"起来。

四、工作质量是良心的问题

一个周六的下午，与海伦同在一层楼办公的一位律师走进来问海伦，哪儿能找到一位速记员，因为他手头有些工作必须当天完成。海伦告诉他，公司所有的速记员都去观看球赛了，如果他再晚来五分钟，她也会走。但海伦表示她愿意留下来帮助他，因为"球赛随时都可以看，但是工作必须当天完成"。六个月后，律师找到海伦，交给她一千美元，并邀请海伦到自己公司工作，薪水比她原来的高出一千多美元。事实上，工作的完成质量应该是良心问题，是职业道德问题，涉及一个人的人品，与报酬无关。

教师工作便是如此。面对工作和学生，教师要记住两句话：假如我是孩子，我该怎样做？假如是我的孩子，我该怎样做？努力做好自己的工作，坚守好自己的岗位，守好最初的梦想，充分挖掘工作中鼓舞人心的力量。我们要树立起这样的信念："人人都是太阳，不仅自己可以发光发热，同样也可以照亮别人！"

（马可君）

孩子们真的很棒

一、教育孩子学会坚持做一件有意义的事情

一个人如果能坚持做一件有意义的事情，那么学习就很简单了。学习也是很多事情中的一件事情，坚持住就会成功。成年人不应该用成年人的思想衡量孩子，更不能给孩子盖棺定论。一次考试失利，全盘否定，一次听写不会，"一棒子打死"。这些都是偏激的做法和言论，伤害了孩子的自尊心。我们要树立"慢慢走总会到达的，慢慢咀嚼总会吃饱的"精神，这也是一种坚持。现实生活中有很多培养孩子坚持精神的事情，如跑步，跑到人体极限时，还没有到终点，鼓励孩子咬牙坚持住，跑过马拉松的人都知道：小跑比走着强，走着比站住强，站住比蹲下强……孩子面对大任务时，两种心态，一是被吓到，甩手不干；二是急于求成，一口气想干完，结果两三下就"缴枪"了。记得小时候用农用三轮车拉土，家长让我用铁锹卸土，上面的这两种心态经常有……这时我们应该鼓励孩子，一不要害怕，二不要着急。累了就休息，休息好了，继续卸。我们的学习不就是从书本里往外卸吗？一锹一锹地卸，总能卸完的。鼓励孩子："加油！你真的很棒！"

二、不过多地关注孩子卷面上的分数

孩子的成长是多方面的，学习成绩优异只是其中的一个方面，过多地关注学生分数很容易造成"我要的是葫芦"后果。心理承受能力强的孩子可以接受失败和成功的结果，心理承受能力差的学生无法接受失败带来的一切，轻者闷闷不乐，重者后果不堪设想。在当今应试的大旗下，分数论英雄定理是成立的。高分者犹如一个磁

场，吸引来了掌声、赞美声……低分孩子心理的滋味是五味俱全的。但是高分的孩子是少之又少，大部分孩子属于后者。

面对孩子试卷上的低分数，不应该是责备和棍棒。我们给孩子一个拥抱，这个拥抱会让孩子眼泪流下来，孩子在父母的双臂之间感受到满满的爱。帮助孩子分析失分的原因在哪里，失分原因：马虎、基础知识不牢固、心情紧张、做题速度慢、复习不全面、题型偏离大纲……分析出原因来后，再纠错，这才是进步的最佳方法。我们牵牛一定要牵住牛鼻子。好孩子是在慢慢地改错中成长和进步的。孩子改错了，我们给他一句鼓励的话："加油，你真的很棒！"

三、哎，今天晚上回家又要挨揍了

给大家分享一个真实的故事。

一名六年级的男孩英语试卷没有写完，我向孩子要了其爸爸的电话号码。当堂给该男生说："放学后我要给你爸爸打电话"。说完后，我就去了办公室，还没有坐稳，没完成试卷的男孩站到了我的身旁。眼神中露出了乞求的目光，他没有说一个求字。而是轻轻地叹了一口气："哎，今天晚上回家又要挨揍了。"说完后孩子显得特别无奈，无助。老师如何沟通决定孩子晚上是否挨打。此时，一个十二三岁的孩子承受着恐惧、承受着无助，爸爸硕大的巴掌仿佛在他面前摇晃，孩子是怕极了。我看了孩子一分钟，和孩子做了一个约定"你，利用周末把期中前的单词背过，电话先不打给你爸爸"。听到这里孩子脸上从内向外地绽放了笑容，仿佛从地狱一下子到了天堂。

孩子和我进行了简单的对话，孩子告诉我："只要有人给爸爸告我状。我到家后，爸爸什么也不问，也不说，就是一顿狂揍我，我妈妈离开了我……"孩子说得特别真诚，孩子的心灵承受了他这个年龄不应该承受的恐惧、害怕、暴力……得知后，我的心情久久不能平息，反思自己的得与失。

周一我检查该男生的单词背诵情况,孩子直接带着英语练习本来到办公室,当场默写全部的单词,正确率达到了97%。可怜的孩子,合格的老师,暴力的爸爸。孩子的未来我们无法断定,但是,我们可以断定孩子回到家里是没有安全感,是没有爱的。孩子不是不优秀,老师不是不管,家长不是不辅导。孩子成绩不好,肯定有某个方面出问题。我们找出来后,不要巴掌,要努力;不要抱怨,要拼搏;不要攀比,要进步。其实,我们的孩子能做到努力、拼搏、进步。做到了,我们鼓励孩子:"加油,你真的很棒!"

四、到底什么影响了孩子的成绩

我教授六年级英语。孩子的努力我看得见,家长也看得见。但是有时成绩不理想,到底是什么影响了孩子的成绩,有的家长说是智力,有的家长用土话回答"俺的孩子挺笨",有的家长回答"他从一年级就没有打好基础",有的家长说"教该课的老师不好"……仔细想想这些回答是不是无趣、无意。

我们推理一下,新的知识全班同学同一起跑线学习,老师给大家共同讲,有的学生听会了,有的学生没有听会,归其原因——听课习惯不好,或走神或抓不住重点……听会的同学晚上回家做一下作业巩固,日积月累后就掌握了知识。关键是不会的学生,晚上回家家长帮助补习后学生会了,这一类学生成绩也差不了,还有一类听不会,晚上回家就彻底地放弃了,放弃了作业,放弃了自己,日积月累越不会越不学,越不学越差,越差越不学,恶性循环,冰冻三尺非一日之寒。

总结影响孩子成绩的因素主要是学习习惯和学习态度。如果班里的孩子都有端正的学习态度和良好的学习习惯,那么孩子就不是孩子了,那是成年人。同时,教育也就失去了本意。既然是孩子,自我约束能力不强,就需要老师和家长盯着孩子,帮这孩子在"方格行走"。我们不管,任其成长,等到想学的时候,为时已晚。后悔也来不及了。这也许就是教育的本质：孩子不懂知识，不懂做人的时候我们去教会他们这些，他们在天性玩耍的时期，我们给其戴上"紧箍咒"。让孩子的青春不留遗憾。孩子每进步一点我们成年人要鼓励孩子："加油，你真的很棒！"

五、把孩子学习的内驱力调动起来

让几头牛耕完一块地。三种做法可以完成任务，一是我们每个人在前面牵着一头牛，人拽着牛，牛拉着犁，边拽边吆喝，这样可以耕完；二是我们用鞭子赶着牛，边挥鞭子边吆喝，这样也可以耕完；三是有领头的牛，不用牵、不用鞭子赶，不用吆喝，牛自己知道拉犁，第二头、第三头、第四头……效仿着领头牛拉犁耕地，耕地的过程中相互鼓励，慢者知道落后，"不用扬鞭自奋蹄"。采用第一种的做法有45%的人，采用第二种做法有50%的人，采用第三种做法有5%的人。

采用哪种方式好？我个人喜欢第三种方法，我现在的角色不是牵牛吆喝，不是用鞭子赶牛吆喝着，我是一头黄牛，默默地拉着犁耕耘，小牛犊子们效仿着我拉犁耕地。不问收获只问耕耘。家长不妨也做一下"领头牛"。孩子是初生牛犊不怕虎的，支持孩子的虎气，消灭孩子的懒惰气。望着耕耘过的良田不由得感叹："加油，你真的很棒！"

六、走进孩子们的内心

世界上有两件最难办的事情，一是把别人兜里的钱拿过来放到自己的兜里；二是把自己的思想装进别人的大脑里。第二条决定第一条，孩子做错了事情，考试不好，受到了伤害……如果我们站在自己的角度去批评和训斥孩子，无疑是在孩子的伤口上撒盐。孩子无法诉说，多次面对这样的处理方法就开始慢慢地走向叛逆。家长和孩子都是得不偿失。拿孩子考试没有考好来说，孩子拿到试卷的那一刻，心里的滋味是不相同的，考好的孩子是幸福的，成绩不理想的孩子，各有各的原因。我们帮助孩子分析原因，成绩不好是因为马虎，是因为没有掌握知识，还是不适应这套题……家长应该和孩子站在一起打败困难，而不是和困难一起打败孩子。以成年人的姿态去呵护孩子那颗幼小的心灵，使其健康成长。美丽的花朵需要阳光和水，不需要冰霜，我们给花朵什么样的环境，花朵就怎么样成长。孩子的身上总会带着家长和老师的影子。无论怎么样我们成年人都应该毫不吝啬地对孩子说："加油，你真的很棒！"

（陈英超）

第七章　劳动教育工作室读书感悟

读《劳动教育论要：现实畸变与起点回归》

读《劳动教育论要：现实畸变与起点回归》，一拿到这部书，心里非常开心，书页又窄小又纤薄，当我打开它后感觉该书内容既具有科学理论本身的高度严谨性，又能具有社会现实本身的具体针对性，既有了历史记载的知识厚度，又能够体现出了这个时代开拓进取的精神。

仅仅是粗略地读完一遍，便能让我如受醍醐灌顶般地受到了再一次震撼心灵的洗礼。颇多的感触让我兴奋、激动，他的劳动教育思想更是解决当今世界"高分低能"状况的有效手段之一。

劳动技术教育活动过程进行中，学生个人积极去参与价值创造活动十分重要，但如何做才能去吸引广大学生主动积极地来参与劳动，而不是处于被动的状态呢？这自然就会需要作为学科教师之一的我们，不断地保持对学生和对学生劳动工作的无比热爱，点燃那些创造性工作的智慧火花，设法创造条件让它们继续熊熊地向上燃烧起来。教师本身的教育引导价值和教育示范带动作用则在此中尤为关键，用教师对劳动的热情感染学生，调动学生的好奇心，从而参与其中，并找到适合自己的劳动。然而现在的教育，在人的培养上，要么不重视劳动教育，要么要求大家从事一样的劳动，过多地强调共性，忽视乃至压抑了个性的发展，目前劳动实践的种类、劳动的方式，并不以个人兴趣为原则。学生干自己并不喜欢的劳动，虽然手在动，但他们并不愿意，并未体验到劳动的欢乐，并未感受到自己的天赋、才能，显然这样的劳动教育作用是不大的。

记得之前曾看过一部教育电影，里面讲述的便是男主角为了真正解决一些现今城市独生子女娇生惯养、品德教育缺失所致的一些问题，开设劳动实践教育课，并通过让学生每天利用一些时间多去社区做一点义工，培养一些他们必备的日常劳动小技能，使他们从小感知社会劳动实践的艰辛付出与家庭美好生活的来之不易。但这番良苦用心不仅被学生抵触，也引来家长们的强烈不满。当我看到电影里的家长们扛着铁锹、树苗偷偷地帮自己的孩子完成劳动课的任务，我不禁感到一阵心酸。今天的教育，到底是为了什么？家长们为了孩子的成长、成才才将孩子送进知识的天堂——校园，但是学生除机械地获得大量生硬的知识外，什么都不懂，什么也不会。学生越来越重的学习负担，让社会、家庭给予了过多的"同情"与"帮助"，学生的任务只是学习。他们没有属于自己的精神生活———一个可以发展自己兴趣、实现自我价值、不被社会所崇尚追求的领域。精神生活的缺失，使学生失去了原本的天真与可爱，想象力与创造力极度匮乏。德、智、体、美、劳全面发展成为一种奢望与希冀。

《劳动教育论要：现实畸变与起点回归》丰富的传统哲学思想内涵也许都被你我所忽略，这本书不能算真正地道尽千古天机，其一条条思想理论线索却无一不闪现着智慧灵光，指引着我们为师者前行的方向。《劳动教育论要：现实畸变与起点回归》无疑是目前一本很适合学校里各个年龄学历层次教师的学习用书，是适合教师阅读与使用的优秀教材作品，也是所有热爱教育者的必读良著。

（高　腾）

劳动教育，触碰心灵，感知你我

读书也是教师专业发展的必然需要。静下心来读书，实际上是在与大师们交谈，有的语言或许会产生共鸣，有的思想或许会引起人们的反思，有的则会使人们明白自身的缺点和奋斗的方向，所以看书的过程也是自我反省的过程。这个夏天，在赵凤华老师的引领下，我读了《劳动教育论要：现实畸变与起点回归》，刚拿到这本书时我就在想，劳动教育的价值以及形式会是怎样的呢？带着这个问题走进了这本书去深入了解。

初读此书，如获良友。在此书的教学中，使我逐渐明白劳作既创造了人，又使人变为"万物之灵"。人又创造了劳作，使劳作从低等向高等形态发展。劳动教育属于一个更高级的社会实践领域。正如苏霍姆林斯基所说："劳动以外的教育和没有劳动的教育是不存在、也不可能存在的。"此书让我受益匪浅，浅谈感受如下。

一、劳动创造人——劳动不仅发展着世界，也创造着人本身

只有积极参与劳动，并具有较高的劳动素养，才是良好的人。儿童参与劳动是在接触外面世界，是在构建和外面世界的联系，是在动手改变这个世界。这将更加激起儿童的求知欲，增加学习兴趣，促进智力开发。在美术教学中，如画农作物时，选择合适的时候组织学生深入农作物现场，为农作物除草、施肥、捉虫等，让学生在参与劳动体验的过程中，观察农作物形状、形态、色彩，以最佳的角度、最美的姿态、最鲜的色调描绘出来自田园栩栩如生的农作物，既体验了劳动，又增加了审美。在未来社会中便能更好地适应工作和生活的需要。劳动不仅有利于开发智力，还有利于形成健康向上的心理素质。"谁知盘中餐，粒粒皆辛苦"，学生怎样才能深刻的体

会这里的辛劳、节约、尊重、责任？学生只有通过亲身劳作，尝过汗湿、手疼的滋味，从奉献到回报，体会到内心的感动，才会明白劳动价值，从而形成尊敬劳动者和尊重劳动的强烈情感，做到加倍爱惜自身和别人的劳动成果。劳动教育是"五育"的起点，也是"五育"的最终落脚点。

其实我们的孩子都是爱劳动的，但是在实际生活中我们有时怕他们出错，不许他们去做一点力所能及的事，久而久之就夺走了孩子的练习机会，也无意间扼杀了孩子解题的能力。在孩子今后的生活中，我们应放开手脚，给予孩子最大的帮助和引导，凡是孩子自己可以做的事情，就放手给孩子自己去做。例如，早上叠被子，晚饭后收拾碗筷等，周末或者假期带孩子去菜园子，体会耕种的过程，让孩子自己付出劳动，收获果实，从而体会收获的快乐。让孩子接触土地，认识大自然，感知世界，把真正的生活还给他们。

二、把劳动教育作为创新世界、开创未来的重要基础，必须丰富劳动教育的开展途径与渠道

劳动教育不仅仅在规定的时间中实施，更关键的是在日常生活中不断进行，集合家庭、社区等合力广泛开展课外劳动实践，是保证劳动教育高效实施的关键。学校要指导父母在生活中不包办或代替，引导孩子自己的事自己做，做好日常自理的同时自觉承担家务劳动，积极地为家庭服务，并积极参与家庭事务管理工作。同时父母也要帮助孩子在家务劳动中，升华自身的劳动意志、培养劳动习惯、养成勤劳精神。缺乏持续不断的家务劳动和劳动教育，儿童是很难养成优秀的劳动素质和品格的。所以，父母要努力拓展思路、不断创新方法、创造条件，为孩子营造一种良好的家庭劳动教育环境和气氛，让孩子充满信心地迎接校园和社会中的挑战，从而顺利地融入校园和社会。此外，开展校外劳动既要重视让学生去农村体验农业生产劳动，也要让学生去工厂体验工业生产劳动，还要让学

生去商业和服务业领略体验实习实践活动,从而丰富学生在劳动教育过程中的体验与感受,增强劳动教育的实效性。

三、将劳动教育融通于各类学校

要把劳动教育纳入人才培养全过程,贯通大中小各学段,贯穿家庭、学校、社会各方面。劳动教育是终身教育,贯穿人的一生。应发挥劳动综合教育的重要作用,以劳树德,以劳增智,以劳强体,以劳育美,促使学生的德智育体美劳能力全面发展。

中小学的家庭劳动德育内容,重点按照以校园为基础、家庭为基础、以社区为基础协同结合的模式,从打好家庭劳动基础、开齐课时、讲究方式、全面合作等几个方面安排教学内容;职业学院的劳务德育主要重点是根据学校专业特色,提高学生职业道德感、荣誉感、社会责任心,培养学生学会运用职业劳务技术,培养在学习上下功夫的劳动精神和细心认真的劳动态度,在工人精神、劳模精神、匠人奉献精神、劳动组织、劳动安全及劳务规范等领域建设,强调培养学员爱岗敬业、开拓创造、报效祖国的劳动精神,培养学员艰苦奋斗、团结合作、认真细心的工作心态;普通高校劳动教育重点是对学生强化马克思主义劳动观和社会主义核心价值观教育,围绕爱岗爱国、创新创业、任劳任怨的教育要求,培育学生爱国情怀,促使学生立志将所学知识用于劳动实践,转化为社会发展第一生产力,为国家富强、人民富裕、民族复兴贡献自己的力量;培育学生创造性劳动能力,引导学生将所学知识与劳动科学有序融合,让科技领航劳动创新、让成败积累劳动经验、让成果转化劳动实践;培育学生诚实劳动品德,激发学生以实干兴邦精神、合法劳动意识、诚实守信观念实现自我劳动价值和人生价值。城乡学校融通劳动教育主要是指城市学校和乡村学校发挥各自优势,利用各自所具有的特色劳动教育资源,通过多种合作形式,实现城市学校和乡村学校劳动教育资源的互通互融，共同实现通过劳动教育培养人才的目标。

《中共中央 国务院关于全面加强新时代大中小学劳动教育的意见》从顶层设计的高度进一步明确指出，把劳动教育纳入人才培养全过程，贯通大中小学各阶段，贯穿家庭、学校、社会各方面。整体优化学校课程设置，形成具有综合性、实践性、开放性、针对性的劳动教育课程体系。根据教育目标，针对不同学段、类型学生的特点，切实开展好劳动教育。可见城乡之间、大中小学之间及普职学校之间开展的劳动教育既有联系又存在某些区别，只有在普职学校、城乡学校及大中小学之间加强融通，发挥各自的优势，才能更好地形成整体效应，齐抓共促劳动教育，培养具有高标准劳动素养和技能的有用之才。

书中的经典事例体现多元化、一体化的劳动模式，以培育学生正确的劳动价值观和优秀的劳动品格。

新时期，人们更需要强调不劳动则无为之人，不创业无法成事，无贡献则难以成大器。劳动教育也需要家庭、学校、社区的积极参与，所以今后我们还需进一步切实加强中小学生的劳动素质教育工作，将劳动素质教育融入人才培养的全过程。

（王　玮）

《劳动教育论要：现实畸变与起点回归》读后感

劳动，是人们产生物力财产和精力财产的重要过程，是人们独特的基本经济社会实际活动。劳动教育也就是充分发挥劳动的教育功效，对中小学开展热爱劳动、热爱劳动人民的教育活动。其核心内容要旨仍然应重视劳动与教育之间的交互过程，包括其由互动产生的劳动价值和教育价值。

教育部发布的《大中小学校劳动教育指导纲要（试用）》中，着重强调了劳动教育内容是什么、讲了多少、如何讲，对劳动给出了具体规定和专门指示。围绕立德树人根本任务，按照工作室要求，全体成员共读了《劳动教育论要：现实畸变与起点回归》一书，共同学习成长。

《劳动教育论要：现实畸变与起点回归》一书中，重点从现实角度分析与探寻了劳动教育的畸变现状与新时代内核，特别讲到了劳动教育该如何与别的方面教育进行有效融合。作为青年班主任，阅读此书给了我很大的感触与启发，我所带领的班级中，也以此为出发点，较为开阔地展示了劳育生动的呈现形式，在劳育回归与结合上做了较好的尝试，尝试着为新时代的劳育注入新鲜灵魂，从而给予学生幸福感与成就感。

一、劳动教育的本质

劳动价值观是劳动教育的核心，它强调要培养学生尊重劳动、懂得创造的意识。为满足新时代、新常态下的学校劳动教育现状，当前中小学校的劳动教育工作相比以往具有更为重要的社会意义与历史使命。书中说，现在的劳动教育，区别于之前的旧劳动教育，理由已有天壤之别。所以，劳动教育中尽管可能有技术课、演示课、交流课、实验课、综合课等多种形式，但对劳动素质的培育却更为重要，后者为本，前者为用，切不可本末倒置，即我们现在常说的，不忘初心。

二、呼唤劳动教育回归

使劳动教育回归劳动社会是人的根本活动，同时也是促使人前进发展的基本动力。在当下，四体不勤、五谷不分的"巨婴"现状屡见不鲜，不重视教育工人与企业劳工的现状也频繁发生，令人痛心。这就要求人们把高等教育改革的视线再次聚焦在劳动教育领域，并呼吁将其重新回归。新时期的劳动教育，它要有新的内涵，体能、脑力都是劳动，更主要的是培育劳动奉献精神，推崇勤劳、敬重劳动、热爱劳动。劳动教育可以树德、增智、健体、润美，促使学生全面发展，引导他们开创颜色绚烂的儿童时代，为走好更有意义的生命之路打下扎实基石。顺着这条思想，劳动教育不但具有中国传统劳动教育的精髓，还有着新时期的朝气和特点，也唯有如此的"新劳动教育"，才能够切实地遍布各级各类院校，扎根于人才培养的整个过程。同时，劳动教育也从来就不是学校教育单方面的事，新劳动教育的归位也就需要家庭教育、学校教育、社会教育协同合力，才能功成。唯有家里、校园、社区都为久坐书房的"小皇帝""小公主"们开启一道通往劳动的窗口，才能使劳动教育潜移默化、润物无声无形。

从阅读理论到实践，这是一个短暂而珍贵的过程。这本书像一盏明灯，散发出它在劳动教育新认识上的高光。

（马可君）

小学劳动教育的探索与发展

"培养德智体美劳全面发展的社会主义建设者和接班人"是对教育"培养什么样的人"对问题作出的新概述,其中劳动教育是新时代背景下全面教育的重要组成部分。虽然越来越多的教师把重点不仅仅停留在智育上,德育与美育也逐渐被聚焦与推进,但是劳育作为教育的"边角料"长期被忽略、误解,成为全面教育大家庭中的"孤儿"。

《劳动教育论要:现实畸变与起点回归》一书中,重点从现实角度分析与探寻了劳动教育的畸变现状与新时代内核,特别讲到了劳动教育该如何与别的方面教育进行有效融合。作为小学教师,阅读此书给了我很大的感触与启发,更是对于小学教育与劳动教育的结合有了新的思路与见解。

一、劳育现状

劳动是创造精神财富和物质财富的过程,是人类特有的基本的社会实践活动。劳动教育是发挥劳动的育人功能,对学生进行热爱劳动、热爱劳动人民的教育活动。核心要求应关注劳动与教育的互动过程,以及由互动生成的教育价值与劳动价值。

习近平总书记在 2018 年全国教育大会上,第一次明确提出构建德智体美劳全面培养的教育系统,将劳动教育设立为培养学生全面发展的专门教育。2020 年 3 月 20 日《中共中央 国务院关于全国加强新时代大中小学劳动教育的意见》(以下简称《意见》)中指出,劳动教育是中国特色社会主义教育制度的重要内容,直接决定社会主义建设者和接班人的劳动精神和劳动面貌,劳动价值取向和劳动技能水平。作为《意见》的配套文件,2020 年 7 月 9 日,教育部印发的《大中小学劳动教育指导纲要（试行）》，更重点明确劳动教育是什么、教什么、怎么教的问题，对学校提出了专业要求和专业指导。

《劳动教育论要：现实畸变与起点回归》书中揭示新时代的劳动教育，能够确保人们获得一种自我存在的价值感和意义感。在学校中，更多的重点应该落脚在教育上，但在实际施行过程中却遇到重重阻碍。最常见的是赋予劳动教育过多的标签式定义，如将劳动教育直接等于去劳动，强调体力劳动锻炼太多。

其他比较明显的特点是，过度强调劳动教育是独立课程。许多学校会用一些措施强化劳动教育，比如设置劳动教育必修课、规定必修课时等。但在实际教学中，小学阶段通常设置劳动技术课，但更多的是手工或干脆是劳动打扫，而在更高程度的中学阶段，劳动课程干脆被忽略，或者被演变成一种娱乐或惩罚手段，劳动教育的实际效用被大大降低。总体来说，劳动教育的现状被称为不全面、不合适的现实畸变，虽有重视，但方向有所偏离，从而效力较低。

二、劳育核心内涵

通过表层的劳育现状，我们也应该探寻劳育的内核，理解它的精神含义。劳动教育现实的诸多表现，最根本的原因是推行劳动教育的过程中忘记了劳动教育的本质。劳动价值观是劳动教育的核心内涵，它强调要培养学生尊重劳动、懂得创造的意识。党的十八大报告中指出，全社会应该认真贯彻和落实四个尊重，即"尊重劳动、尊重知识、尊重人才、尊重创造"，而对劳动的尊重是其中最重要的。

为了适应新时期、新常态的劳动教育现状，当前中小学的劳动教育较之以往有着更为重要的作用和使命。现在的劳动教育更多的意义是让学生学会动手、动脑，能让学生的人生更有尊严与意义。劳动素养的培养更为重要。

三、劳育与实践

劳动教育本质上是实践的，也是充满希望的、适应时代的教育。它的实践形态应该是整合的，不仅停留在劳动的单一形式体现，更应该采取多种尝试，与多门学科相融合，形成坚实的教育"绳网"，为学生编织最踏实的教育后盾。

以往的社会实践通常比较单一化，如打扫卫生、社区志愿服务、分发宣传资料等。要利用好每次社会实践机会，将"快乐体验劳动"作为实践宗旨，创新较为有趣的劳育尝试，即进行有效的串联。一是劳动与历史文化的串联。进行的劳动实践是文化寻根之旅，每次"旅程"都包含相应的劳动实践内容，如体验农耕生活的实际劳动，听大禹时代的五谷劳动与收获，春节期间做"小小文化讲解员"等，这些都是很好的劳动与历史文化串联的活动。通过各个活动环节中的逐渐渗透，劳动教育自然而然被较好地践行，让学生在快乐中实践，在轻松里收获。二是劳动与文学的串联。教师引导学生通过共读一篇文章、交流名人事迹与名人名言、看图讲故事等方式，既拉近互相的距离，也在不经意间进行了劳动与文学元素的串联。三是劳动与文明践行的串联。在各种实践活动中将文明的理念贯穿其中，比如开展以文明礼仪教育为主题的班课。

四、结论

教师作为引导者，在小学教育中要学会让劳动教育不仅成为某一时刻的教育收获，而且成为学生成长中的幸福体验。《劳动教育论要：现实畸变与起点回归》这本书指引我这样的教育者，让劳动教育回归，让初心不灭。

（孙凤琰）

赏识孩子，才能真正地发现孩子

教育著作《要相信孩子》是苏霍姆林斯基在帕夫雷什中学任校长期间的经验总结，是他在25年来所"热爱并为之献身的教育工作中写下"的动人诗篇，也是他献给"即将投身于塑造人的灵魂这一崇高事业中去的同志们"的珍贵礼物。不久前有幸接触到这本书，我便如饥似渴地阅读起来，并一气呵成读完。认真拜读后，我的心被深深地震撼着，仿佛它就是那黑夜的启明星，为我指明了前行的方向。如今爱不释手地捧着这本书细读，身边的那些教育问题就会活生生地浮现在眼前，而恰巧有位非常耐心的导师教我如何解决这样的问题，让我在阅读中思考，在思考中发现，在发现中成长，在成长中体味教育的快乐。

一、转变理念，重视"赏识"

苏霍姆林斯基在著作中通过一个个生动的教育案例，用饱含深情的笔触提醒我们："做教师的应该像果园的园丁精心地照看嫁接到野生植物上的果树、爱护它的每一枝每一叶那样，爱护和保持孩子们身上一切好的品质。任何时候也不要急于揭穿孩子们身上不好的、错误的行为，不要急于把儿童的所有缺点公之于众，而应当让儿童发挥内在的精神力量来克服自己的缺点。让集体看到的首先是每个儿童的优点，这才是育人的艺术所在。"读到这番话时，我的心顿时涌起了翻江倒海般的情感旋涡。这使我联想到了自己每天的教育教学，每天一踏进教室的门，扑面而来的是孩子们的各种不足或错误：谁谁谁又没完成作业，谁谁谁又没戴红领巾，谁谁谁又为班级抹黑了，谁谁谁没有注意听讲思想开小差了，谁谁谁考的分数太差了……自己满眼看到的都是孩子们的不足，总感觉怒火冲天，忍不住大发雷霆、批评斥责，甚至不止一次抱怨，"干嘛也别教书，早死多少年呀……"时间一长，便导致课堂气氛压抑郁闷，师生关系也变成了敌对关系。教师在时，孩子们能循规蹈矩；离开时，班级几乎乱作一团……直至读到教育家苏霍姆林斯基写得这段话时，我才恍然大悟，意识到自己错误的根本。一直以来，自己在很大程度上忽略了班级优秀生所能发挥的榜样激励作用，也忽视了对其他学生效仿优秀生的积极引导，更没精心地去捕捉每个孩子，特别是存在问题孩子的闪光点，也没想过调动他们内在精神力量去克服他们的不足。我也明白了，一味地批评斥责，只能重伤孩子敏感的心灵，甚至削弱他们争取做高尚人的愿望和热情；也会恶化师生间的情感关系而影响教育效果。但我又很庆幸，能读到这句简单朴素却又精神振奋的经典之语。它不仅让我深刻认识到了不足，还给我提供了一个明确的教育方向——以欣赏的心态善待孩子。

二、尝试"赏识"，激活课堂

苏霍姆林斯基告诉我们："儿童的心是敏感的，这颗心可以吸收一切好的东西。如果教师能够引导儿童向好的榜样学习，启发他们效仿一切好的东西，那么儿童身上所有不好的东西都可以不经过任何痛苦地，也就是不使儿童心灵受到伤害，不使他们感到委屈地自然消失。"从那以后，我总是有意识地提醒自己，一定要用孩子们身边的榜样来引导大家效仿学习。语文课堂上，我经常微笑着鼓励孩子们。"会思索的孩子最美，看李雨泽同学正在分享着他的思考，我相信他已经有了很多的收获！""瞧！王雨涵同学听得最认真了，会倾听的孩子就是会学习的孩子！""你敢第一个站起来回答问题，我很欣赏你的勇气，是个小勇士！""你的朗读真好，我都入迷了！""只有爱动脑筋的孩子，才会有这样的精彩回答。"……慢慢地，就是在这样的不断赏识激励中，课堂上不再鸦雀无声、死气沉沉，取而代之的是碰撞的思维、发现的喜悦、产生的惊喜……

他们不再是那些淘气的笨小孩,他们是一群有思想有见地的中华好少年。正如学者菲尔丁说过的那样,"典范比教育更快,更能强烈地铭刻在孩子的心里。"

三、运用"赏识",转化学生

苏霍姆林斯基还告诫我们:"如果儿童不仅知道而且体会到教师和集体对他个人的优点既注意到了,又很赞赏的话,那么他就会尽一切努力变得更好。只有在教师和集体都能首先看到儿童身上优点的地方,才能出现儿童积极向上的精神和努力提高道德水平的积极性。"不会忘记我们班孙志豪,他的字总是写不好。字小如蚂蚁密密麻麻、歪歪扭扭,而且特别潦草,犹如天书,我不止一次地在他耳边嘱咐,"切记,把字写好!"天天嘱咐,没有点滴进步,后来找来家长,跟家长一起监督,收效甚微。后来无意中发现,他对"三国"特别感兴趣,很多故事倒背如流,我就隔三岔五地让他到台前来一段,并见缝插针地引导,"真厉害,比我强!如果你的字能写漂亮,就更牛了!"慢慢地,我发现他的字写得大了,这时候我见机赏识,"孩子,我看到了你的进步,我相信你会写得更好!"慢慢地写工整了,慢慢地写得有模有样了……现在有的时候,我让孩子们到黑板上去板演,他总是第一个报名,而且不紧不慢,写得特别漂亮,每次又引来同学们啧啧称赞,他的头总是高高地昂起,变成了一个阳光的少年。还有一个叫吕康平的女孩,记得我刚接手这个班时,班主任就告诉我这个女孩是作业困难户,没有完成作业的时候。我认真观察了一段时间发现,一方面是她写字速度慢,另一方面,也是最主要的,还是她缺乏必要的责任心与义务感。对此,我十分头疼,每天放学单独嘱咐她要按时完成作业,但她依然如故,各种借口,不是找不到作业本了,就是没有带课本回家。后来我把她妈妈专门喊来,共同监督,但效果也不明显。一次偶然的机会,吕康平自告奋勇地愿意承担班级中每天把课程写到黑板的义务(这主要是提醒同学们提前准备好学习用品）。出乎意料的是，她特别尽责，从未有过一次忘记关灯而给班级造成扣分现象。因此，我多次在班会上极力赞扬她高度的责任心，并真诚地提出自己的期待，"要是也能这样尽职尽责地按时完成作业，那该有多好呀……"就是在这样不断勉励下，她逐渐养成了按时完成作业的良好习惯。看到班级中孩子们可喜的变化，我最想说的是，我们教育技巧的奥秘就在于只有教师和集体首先看到并赞扬孩子们身上的优点，才能够出现这种积极向上的精神和努力提高自己的热忱。

四、乐用"赏识"，潜移默化

法国雕塑家罗丹曾经说过："生活中并不是缺乏美，而是缺少发现。"我想，教育最重要的任务，就是教会儿童从周围世界和人的关系的美中看出精神的高尚、善良和诚恳，并在此基础上确立这种美。班里有个叫孟哲的孩子，我第一堂课他趴在桌子上玩了一节课，喊他站起来，他目光迷茫地看着我，问什么都不说，就那么迷茫地看着我，我说了半天，他没有一丁点反应，甚至连害怕的表情都没有，任凭我威逼利诱，他就是铁嘴钢牙。更雷到我的是，第二天，他爸爸抱着他送到了课堂上，那么高大的男孩，一米五（150厘米），竟然让爸爸抱着……问及原因，孩子不愿来上学。我真的束手无策，就任由他在那里"自由地生长"。后来，无意中我发现他记忆力特别好，一段文字，别的同学孩子苦苦背诵。他早已背得滚瓜烂熟，有了这个发现后，我一点一点耐着性子，"引诱"他到台上背诵，我还没评价，台下已是掌声雷动。我顺势引导，"每天他可以不听课，自己在一边背文章"，一个学期下来，语文课本倒背如流。我让这个孩子在家长会上做展示，很多家长觉得这个孩子是个天才。在赞誉声中，这个男孩也逐步回归正常，慢慢地能听讲了，慢慢地能写字了，慢慢地能回答问题了……前不久的测验中，他考了72分，看到成绩他没哭，我哭了……我越来越觉得，教师如果能以乐观的心态善待孩子，在教育过程中就会细心观察孩子，积极发现他们可爱的闪光点，并加以表扬鼓励，从而让每个孩子都能获得努力向前的动力。教师能以乐观的心态善待孩子，也必然会潜移默化地让孩子们受到这样的熏陶与感染。以欣赏的眼光对待他人，面对社会。也会引领他们逐渐地懂得热爱生命就要尊重生命、善待生命，就要努力发现生活的美、崇尚生活的美、追求生活的美，并要创造生活的美。这样，孩子们就能形成正确的价值观念，健康成长。

"没有赏识，就没有教育"。我们挚爱教育，那就需要鼓励他们、善待他们、尊重他们、引导他们，以赏识的心态铸就孩子们飞翔的灵魂，帮助孩子们创造辉煌的人生！

（赵凤华）

第八章　劳动教育工作室实践成果

城镇化视域下的农耕劳动教育探索与实践

摘　要：通过"1236"育人模式，多种形式开设耕与读、研与究，知与行的综合实践课程，开展丰富多彩的农耕劳动教育活动，培养学生的"重农"意识、劳动乐趣，培养知农、爱农、兴农的家国情怀。

关键词：城镇化；农耕；劳动教育

一、新形势下农耕劳动教育的必要性

我国城镇化进程加快，越来越多的农民及其子女进城入镇，而留在农村的人们也早已实行了机械化耕作。几千年的农耕文化也在市场经济大潮的荡涤下支离破碎，坍塌了一地。昔日农村孩子们日常参与的农耕劳动渐行渐远，城市里的孩子更是不知道食物究竟从哪里来。新形势下，农耕劳动教育必须提上日程。2019年11月26日，中央全面深化改革委员会审议通过《关于全面加强新时代大中小学劳动教育的意见》，明确指出：劳动教育是中国特色社会主义教育制度的重要内容。要把劳动教育纳入人才培养全过程，贯通大中小学各学段，贯穿家庭、学校、社会各方面，把握育人导向，遵循教育规律，创新体制机制，注重教育实效，实现知行合一。

只有让学生亲身参与农耕劳动，体验到农耕劳动的艰辛，才能珍惜粮食，真正懂得"谁知盘中餐，粒粒皆辛苦"蕴含的深刻道理。如果没有农耕教育，学生就不懂得如何勤俭节约，就不懂得尊重广大农民的辛勤成果。只有让孩子们从小亲身体验农耕劳动，才能通过实践触动心灵。而且，14亿中国人的吃饭问题是大事，是重中之重。只有粮食安全，才能确保我国经济建设的稳定与繁荣。农业是整个国家安全稳定的"定海神针"，粮食安全是广大人民安居乐业的幸福源泉。所以，学校教育不能没有农耕劳动教育，必须让我们的子孙后代接受农耕劳动教育。

二、学校农耕劳动教育的现状与思考

我们德州东城小学是一所拥有百年历史的农村小学。学校周围良田千亩，瓜果飘香。但我们发现，即使是农村的孩子，也根本不了解农村、也不热爱农村。通过调查问卷和实地走访发现，孩子们课余生活也普遍城市化：不再去田里干农活、不再趴在地上玩泥巴、探究蚂蚁的世界，不会自己缝沙包、做毽子，不会追蜻蜓、捉蚂蚱……由于缺乏劳动实践机会，很多学生不了解农业知识，不认识农作物，部分庄稼蔬菜分类不清；不会做家务，不爱惜粮食，浪费现象严重……深入分析研究造成这种现状的原因，有以下三个方面。

一是轻视农耕劳动教育的思想。很多家庭为了让孩子享受更优质的教育资源纷纷搬离农村，家长教育孩子也是一套话：不好好学习长大了只能种地。为了让孩子腾出更多的时间来读书，不让孩子干一点农活，做一点家务。学校、家庭、社会对孩子的评价标准也是学习成绩。很多人以当农民为耻，对农业和农村存在一定误解。不爱自己的家乡，不喜欢从事农耕劳动。

二是相关课程资源没有开发。目前，虽然很多农村学校开始开设综合实践课程，但大都是社团的形式，队会活动，很零散，不系统。一些资源包与孩子现实生活有距离，农村学校老师不懂得课程的开发，不会有效合理地开发乡土资源。如何让农村小学综合实践活动落地、本土化，从而提升活动实效，是当前农村小学遇到的普遍问题。

三是缺乏系列化和系统化。目前虽然有不少学校利用地域优势，带领学生开展了一些农耕种植体验，但仅仅是一种零散的碎片化的体验，没有课程理念、没有深层次的思考与探究。

三、学校农耕劳动教育的实践路径

我们德州东城小学毗邻德州市农业科学研究院实践基地，拥有得天独厚的地理优势和资源优势。德州市农业科学研究院有50年的历史，主要研究领域涵盖了德州乃至鲁西北地区农业发展所需的粮经作物、蔬菜、土肥、植保、农业生物技术等10余个学科。拥有"四站三岗一中心"8个科技创新平台，这一切都是我们可以依托的丰厚资源。德州东城小学与德州市农业科学研究院结成对子，共同合作，探讨"1236"育人模式，即一个中心，以学生为中心；两个主要目标，落实劳动教育、培养科学精神；三个内容，读、耕、研；六个平台，以农耕园、农耕大讲堂、农科体验课、农科实验室、农耕小书屋、农耕文化节为载体开展的关于耕与读、研与究和知与行的综合实践课程。让学生回归自然、回归生活、回归社会，受到劳动教育，培养学生的"重农"意识和科学思维，为乡村人才振兴提供启蒙教育。

1. 农耕园

组织中小学生参加农科实践活动、体验农事操作和农业科研工作。

"三园"同育，室内种植园（各班级的教室及相对应的露台）、室外种植园（校园三块空地分别属于低中高年级）、校外种植基地（附近德州市农业科学研究院的种植基地）。

在农耕园合理安排不同粮食、谷物、蔬菜等作物的搭配种植，形成"七彩农场"。学生亲身体验种植的全过程，受到劳动教育，通过色彩配置、季节交错、作物种类等进行差异化种植搭配，使师生能实时观察不同作物的生物学特性、种植技术及生长成熟过程，给学生带来直观的体验，培养爱农兴趣；在屋顶露台及闲置教室等区域通过无土栽培技术进行蔬菜种植，并将现代农业生产中的水肥一体化、LED补光、生物防治等技术应用在无土栽培技术中，学生体验探究、学习并记录蔬菜生长过程，对现代农业有更清晰的了解。

2. 农科大讲堂

德州市农业科学院科技人员赴学校进行农业相关知识授课,给学生讲解农业知识,普及农耕文化。授课人员可以根据自己的专业进行不同主题的授课,通过PPT课件、现场互动、视频演示等形式让学生从不同方面了解农科知识,调动学生的爱农、学农的兴趣。

3. 农耕实验室

在校内建立农耕实验室,每月学生在德州市农业科学院专家和学校老师的带领下进行相应主体的探究活动,如土壤的改良、种子的杂交等。学生学习操作一些基础的农业小实验,通过案例研究,提高学生的科研兴趣。组织学生开展不同种子的发芽实验,让学生参与实验的全过程,并记录不同种子的发芽天数、叶片差异、苗期生长等情况,并写出自己的心得体会。探究嫁接技术、种子优良培育等。

4. 农科书屋

书屋内包括农业类相关的政府文件、杂志、书籍、画册等,并对书籍进行定期更新,使广大师生了解农业发展的最新动态。

5. 农科实践

不定期组织学生赴德州市农业科学院基地进行实践活动、通过让学生真实体验农事操作、观看并参与科研工作的田间调查取样环节,提高学生对农业科研的兴趣,激发学生知农、爱农的情怀。通过对农业知识的了解,在前期实践活动的基础上,鼓励学生调动自己的动手创造能力,适时开展"农科小发明"竞赛活动,激发学生的创造热情和动手能力。

6. 农耕文化节

根据二十四节气融合小学阶段有关耕读的风俗、读物、名人事迹等汇总诵读材料,开展耕耘节、种植节、采摘节和祈福节等节日庆祝活动，引导学生了解农耕文化的历史发展、神话故事、科技成果、田园诗词等歌咏劳动及劳动人民的诗词文章，积累文化知识。通过开展农业知识比赛"我给种子找到家"等、劳动技能比赛"挖坑比赛"等、劳动成果展览"种子贴画"、泥塑等形式，激发学生农耕兴趣，体验劳动乐趣，培养知农、爱农、兴农的家国情怀。

四、结语

通过参加农耕劳动，学生也在悄然改变，浪费粮食、破坏公物的现象在逐渐减少，学生变得阳光乐观。比如我班上有个叫王子琛的孤僻男孩，很少与老师和家长交流。在"花卉林果育人"活动中，他慢慢地敞开心扉、逐渐变得阳光起来，后来在他的探究日记中找到了答案。原来他在与同学的比较中觉得自己的父母没本事，不会外出打工挣大钱只会在家啃土坷垃，他以外表的自傲掩饰内心的自卑。在农耕活动中，他理解了父母的不易。尤其是在父亲被聘为校外指导员后，他开始主动与父母交流。一次班会上，他谈到了自己的理想，要做一名新时代的农民，让人们吃上绿色健康的食品。学生热爱劳动了，珍惜粮食了，喜欢农业和农村了，我们所进行的农耕劳动教育取得了初步成效。

（赵凤华）

农耕搭台，培根育人

——德州东城小学农耕课程的实施路径

一、背景及现状

2018年全国教育大会上，习近平总书记提出，要在学生中弘扬劳动精神，教育引导学生崇尚劳动、尊重劳动，懂得劳动最光荣、劳动最崇高、劳动最伟大、劳动最美丽的道理，长大后能够辛勤劳动、诚实劳动、创造性劳动。德州东城小学是一处农村小学，周围阡陌纵横，瓜果飘香。但农村城镇化让学生与日常的农耕劳动渐行渐远，通过调查问卷和实地走访，我们发现学生课余生活也普遍城市化：不再去田里干农活、不再趴在地上玩泥巴、探究蚂蚁的世界，不会自己缝沙包、做毽子，不会追蜻蜓、捉蚂蚱，……由于缺乏劳动实践机会，很多学生不了解农业知识，不认识农作物，甚至认为"芝麻是从火龙果里出来的"，不爱惜粮食，浪费现象严重……立足学情、校情、结合周围的环境，实施"农耕"育人模式，通过丰富多彩的农耕劳动教育活动，培养学生的劳动意识、劳动观念，获得劳动能力，享受劳动乐趣，培养知农、爱农、兴农的家国情怀。

二、学校农耕育人课程的实施路径

1. 营造"耕"的环境，为课程实施提供物质基础

"三区合力、同育新苗"。创建了班级种植区、校内种植区、校外体验区。班级种植基地主要是每间教室的室内及对应走廊，一般是无土栽培或者小型盆栽；校内种植基地包括学校花坛、蔬菜园、百草园、果树园，通过公开竞标，拍得土地使用权，制订出可操性种植方案，根据难易程度，各年级种植不同的植物，形成"七彩农

场"。一二年级主要承包"花园",每班选1种班花,种植不同的花卉。三四年级主要承包"菜园",每年级种植5种蔬菜。五年级承包"百草园"种植了白术、芍药、艾草、紫苏、薄荷等近10余种中草药,六年级承包"果园"主要种植核桃、苹果、山楂、樱桃、杏树等10余种果树。每周五下午两节劳动实践课。完成从土地丈量、土壤改良、植物种植、管理、收获的全方位及多角度的体验过程,并引导学生在种植实践过程中探究自己感兴趣的问题。例如,四年级二班种植的是葫芦,学生探究的过程中发现了并不是所有的花都长葫芦,开展了"葫芦花都结果吗?"的小课题研究,进而掌握了雌花、雄花及其授粉知识。桃李不言下自成蹊。师生同在种植区里面亲身经历、亲身体验,了解植物生长的规律,探究了植物生长的奥秘,掌握了劳动的方法和技能。共洒劳动的汗水,同享丰收的喜悦,培养了热爱劳动的品格、尊重生命的意识。校外种植基地包括德州市农业科学研究院的千亩育苗实验基地和学校紧邻的减河湿地东岸绵延10千米的种植体验区。学校每学期组织学生进行一次实地体验,触摸现代化的农业发展模式,把握农业发展方向,体会科技的重要性。学校制定评价标准,注重过程性评价,学生参加劳动,都会获得相应的劳动币,每年评选出"劳动小达人""劳动小能手""劳动小专家",利用学校橱窗、广播、公众号、微信群等多种形式进行表彰。同时设置劳动超市、跳蚤市场,学生通过手中劳动币购买自己所需物品,从而获得劳动的幸福感、成就感,树立劳动最光荣的意识。

2. 寻求"助力"伙伴,为课程实施增加技术保障

与德州市农业科学研究院结盟,聘请各研究所的博士为指导教师,带领学生进行土壤改良、种子优选和科学种植的体验与实践。请专家定期来校进行农业科普知识讲座,德州市农业科学院的科学实验室对学生开放。通过德州市农业科学研究院的助力,学校农耕课程区别于传统的耕种,注入了科技的元素,实现了现代化。无土

栽培、杂交育种、智慧大棚等在学生的心田植下科学的种子，使他们明确凡事尊重科学规律，培养学生科学种植的意识和农业科研的兴趣。

3. 落实"究"的主题，为课程延伸打下基础

在农耕的实践过程中，充分借助科学实验室及实验器材，引导学生围绕土壤、水分、养料、种子开展小课题探究，例如，通过蚕豆和玉米种子的解剖与发芽实验，了解双子叶与单子叶植物的生长奥秘。让学生在真实的生活情境中发现问题，提出问题，解决问题。例如，四年级学生在种植向日葵时，发现花盘会转动，产生了"向日葵会永远朝着太阳转动吗？"的疑问，通过对不同阶段向日葵连续仔细地观察，得出结论，当花盘全部盛开以后，生长素不再起作用，所以花盘也不再转动了。后来在向日葵成熟期，看到了每天有很多种子洒落地面，经过多方观察求证，发现原来是麻雀惹的祸，后来学生通过"制作稻草人""播放天敌老鹰的声音"实现了向日葵的丰收。从而培养了学生的科学意识、探究意识、创新意识、实践意识，提高了学生的综合实践能力。

4. 借助"博物"馆区，为课程发展注入精神营养

作为农业大国，几年前的农耕文化，是我们中华民族的立根之本，学校每年组织学生去德州市博物馆、太阳能博物馆、黑陶博物馆访学，感受源远流长的农耕文明。紧邻的社区内有农具博物馆，历代农具一应俱全，从构造到功能有着详尽的介绍，其中包含了中华五千年的农耕文化，学生在这里可以体验到农业的发展历程。例如，农具中耕犁的发展变化，在原始社会，距今约 7 000 年的河姆渡原始居民开始使用木质的耒耜，起到犁地的作用；春秋战国时期，出现铁质农具叫锄范，起犁的作用；汉代就有了明确叫犁的农具；隋唐时期出现了曲辕犁；到现在的大型旋耕犁。农具的变迁和人们衣食住行的变化，让学生体会到社会文明的发展历程，明白了科学技术是第一生产力。感受今日幸福生活，树立科技兴农、振兴乡村

的信念。

5. 组织"诵读"活动，为课程实施奠定文化支撑

依据农时进行种植，并适时开展相应的诵读活动。举行"农耕古诗词吟诵比赛""农业知识小名士比赛""我的农耕故事演讲比赛""讲好我的传家宝"；开展耕耘节、种植节和采摘节等节日庆祝活动。让农耕有内涵、有温度、有传承、有厚重感。例如，端午节来临之前，学生诵读与端午有关的诗词，开展走近屈原、了解端午的起源与风俗活动。通过制作龙舟、赛龙舟，和父母一起包粽子，制作彩粽，向父母献香囊等活动，学生对端午节不再只停留在浅显的认知上，有了深刻而明晰的认识，坚定了理想信念，厚植了家国情怀。

三、成效与反思

学校充分利用地处城乡接合部，环境广阔、紧邻德州市农业科学院的优势，构建了具有内涵和趣味性的"农耕文化课程"，把现代教育和传统农业文化有机地结合起来。提升了教师课题研究和课程研发的能力，编写了种植类、养殖类、无土栽培、泥塑等一系列校本课程。学生通过亲历农业劳动，丰富了农业知识，懂得了父母辛劳不易，感悟了劳动人民吃苦耐劳的精神，树立了劳动的意识和观念，养成了劳动的习惯。同时还能使学生树立追求自然和谐、爱祖国、爱家乡的理想信念，最终培养有根的农村娃，为学生的终身幸福奠基。德州东城小学的农耕课程得到了各级专家认可和兄弟学校的一致好评，德州日报、齐鲁晚报、德州教育纷纷报道，在德州市教育和体育局的支持下成立了赵凤华名师领航工作室，建立了武城区、宁津区、运河区、经济技术开发区四区十余所基地学校，共同探究劳动教育的区域推广，让劳动真实发生，让教育真实存在。2020年德州东城小学也因此被评为"全国温馨校园"。

现在很多家长还意识不到农耕文化课程的意义，感觉与考试科

目无关，不够重视，甚至反对学生参加这样的活动。如何使农耕文化课程获得更多越来越向往城市生活的家长的理解和支持是我们要下大力气解决的问题；使农耕文化课程更加科学化、使农耕文化课程"有文化"是我们不懈追求的目标，借助于德州市农业科学研究院的先进技术和智力支持，融合学校现有资源，将课程的"培根"功能发挥到极致是这一研究的价值所在。

（赵凤华）

小学生劳动教育的现状及实施策略

——以德州经济技术开发区宋官屯镇沙王小学为例

摘 要： 有资料显示，自基础教育课程改革以来，综合实践活动课程仅在部分地区、部分学校、部分班级中开设，尤其是在农村中小学并没有真正意义上普及。对综合实践课程中的劳动教育更是认识不到位，领导重视程度不够，培训不专业，理念没掌握，评价机制不健全，这些都是制约劳动课程顺利实施的主要因素。从习近平总书记在全国教育大会上强调"要努力构建德智体美劳全面培养的教育体系"，到被列入教育部2019年的工作重点，如何开展中小学劳动教育已成为当下备受关注的问题。

关键词： 劳动教育；缺失；意义；实施策略

一、目前小学生劳动教育缺失的原因

（一）学校因素

沙王小学成立于1987年，是一所特色鲜明，文化底蕴丰厚的农村学校，新课程改革后，学校虽然设置了综合实践活动课程，但是没有真正地落地。原因在于，首先，由于学校对老师评价机制的束缚，教师从本质上没有认可和重视综合实践活动，使学生的各方面潜力无法得到最大程度的开发。部分老师没有突破传统的教学观念，还是局限于课堂教学和课本知识，不愿意真诚地带领学生一起参与劳动课程，积极探索适合小学生的劳动教育活动方案。其次，在劳动课的开设上，劳动基地的设置不完善。另外，学校为了安全，担心在劳动过程中孩子受伤，多一事不如少一事，甚至一二年级的学生教室值日都由家长来代替完成，这些都是制约劳动教育实施的因素。

（二）家庭因素

家长对劳动的认识不到位，部分家长认为让孩子劳动都会越帮越忙，让孩子在家做家务还不如自己做省心，无意间就挫伤了孩子对劳动的兴趣；有的家长把劳动看作负担，担心让孩子劳动会影响孩子学习；有的家长鄙视普通劳动者，导致在孩子心里认为普通的体力劳动是不体面的下等工作。这样的情况下躲避劳动、轻视劳动的现象就成为必然。有的条件好的家长认为过去是穷人的孩子早当家，如今生活好了，孩子就不用那么辛苦了；还有更为可怕的是，在学校和家庭中用劳动来惩罚孩子，这样就会让孩子从小就对劳动产生一种抵触心理，这样即便家长有意培养孩子的劳动意识，也很难调动孩子劳动的热情。

二、劳动教育的意义

（一）对优化素质教育的回应

如今，随着人们生活水平的提高，现在的孩子身上的特征对我们的教育所带来的各方面的冲击是很明显的。自觉和不自觉的娇生惯养，主动或被动的衣来伸手、饭来张口，产生的后果就是四体不勤、五谷不分，眼高手低、好逸恶劳，物欲和自我的双重膨胀，以及伴随而来的对劳动、劳动者的轻视甚至是鄙视。劳动最光荣的观念已不存在。在此种情势下，劳动教育的开展将借助劳动"一分耕耘一分收获"的自然和切实的过程，会给其参与者以真切的感受与体会，对于学生的健康成长具有重要的教育意义。

（二）对人才培养需求的回应

从小学到中学再到大学，本应是步步为阶、后为前继的。但现实的教育由于过度的功利化和工具主义，从而使中小学生最远大的目标就是考上一所理想的大学，而当迈入大学校门之后，更多的学生感到的是茫然而不知所措。当走出大学校门时，这种后遗症还会持续，如非北上广不去、月收入非五千不签约等现象比比皆是。事实上，当代的大学生不是不爱学习，只是不会学习和不知道学了之后去干什么，多年变味的教育让其不知道该去学什么和怎么去学习。如果有一贯如一的劳动教育的熏陶和影响，想必他们在步入大学校门后乃至在走出大学校门后，不会有那么多的浮躁和不如意，会以更积极的心态应对择业就业过程中的各种困难，创造更大的社会价值。

三、劳动教育的具体实施策略

劳动教育的最终目的就是让孩子有幸福生活的能力。劳动教育是我国学校教育的传统，劳动教育是培养德智体美劳全面发展人才的重要一环。劳动教育的意义，就是让学生身体力行的感知劳动的辛勤与光荣，获得收获的喜悦。我们为保障劳动教育顺利实施，做了以下几个方面探索。

（一）更新观念，让劳动教育落地生根

学校、社会、家长必须从旧观念中转变过来，走出片面追求成绩的思想误区，从根本上认识素质教育的必要性，认识到劳动教育的地位和作用。要知道，劳动是人类最基本的实践活动，不仅创造了人类本身，而且创造了人类所需要的一切物质和精神财富。在新时代，教育讲求立德树人，培养学生的劳动意识，劳动精神就是立德树人的表现。劳动教育的重要性人尽皆知，它是每名学生必须拥有的经历，去获得劳动体验，习得劳动本领，创造劳动价值，享受劳动成果是每名学生的基本权利。同时，应认识到劳动教育的磨炼价值，在劳动教育中培养学生吃苦耐劳、克服困难、勇于拼搏的意志品质。

（二）点滴培养，劳以养性，学校教育和家庭教育有机结合

实施家庭教育和学校教育相结合的劳动习惯养成教育，坚持劳动教育从家庭做起，比如打扫卫生、洗刷、做饭、整理自己的文具和衣物等简单的家务，再到学校的服务岗位责任区，让学生认识到把自己的事情做好也是劳动。更重要的是可以有效避免个别孩子在

学校劳动很积极，可是回家却不做家务的情况出现。为此，我们从低年级开始倡导家长给孩子适当的空间，给孩子锻炼的机会，培养孩子热爱劳动的习惯，具体做法如下。

（1）教孩子一些简单的劳动知识和技能。刚开始时，家长必须言传身教，手把手教孩子简单的劳动技能，要求孩子要注意安全、卫生等，防止孩子受伤害的事情发生，然后放手逐步让孩子自己的事情自己做。

（2）让孩子帮做一些简单的家务。家长不要承担所有家务，可以让孩子做一些比较简单的家务，如帮忙打扫家里卫生、洗碗、做饭、叠衣服等，让孩子能亲身感受劳动的快乐。

（3）培养孩子劳动的兴趣。孩子都有一个对做事充满好奇的阶段，且孩子的模仿能力很强，家长可以好好利用这些特点，加以引导孩子，培养孩子对劳动的兴趣。对于孩子的劳动成果，家长应该及时、毫不吝啬地加以表扬和鼓励，且还要鼓励孩子不要畏惧困难、勇于实践，这样会更有利于孩子劳动习惯的形成。

（4）把劳动教育作为一项"作业"贯穿在假期活动中。每学期我们都会利用寒暑假时间安排适合学生年龄特点的劳动作业，以照片或是习作的形式作为开学的评比，把优秀的成果进行展示并颁发证书，充分调动学生的积极性及持久性，从而形成一种习惯贯穿学生的一生。

通过家校合作，学生不仅在家中帮助家长做力所能及的事情，而且把好的习惯带到学校、带到课堂。书桌整齐了，地面干净了，丢笔丢东西的现象减少了。因为劳动，学生养成了自律的好习惯，是劳动激发了学生的潜力。

（三）实践活动，劳动教育与德育相结合

把劳动教育渗透到德育中去，在这个过程中让学生在快乐的活动中接受教育，如我们根据学校周边实际情况，组织学生定期去当地敬老院、特教学校、儿童福利院等场所，为老人、残疾孩子打扫

卫生、叠被子、梳头发、演节目等活动，培养孩子关爱老年人、关爱残疾儿童的意识，并开展"爱心达人"的评选活动，教育的效果显而易见。

（四）资源整合，劳动教育融合课程体系

（1）学校加大劳动教育与各学科教学的资源整合力度。积极吸纳各学科的优秀教师加入劳动教育的教学中来，以加强教师在课程教学中教材开发的意识和能力，把教学和研发结合起来，这对于课程的有效实施有着巨大的作用。如在科学课、数学课、品德与生活、体育课中，发动学生采集动植物标本，制作简单工具，进行实验操作等，学生的学习兴趣能够得到有效激发，学生的学习热情高涨。在开发劳动课程资源时，充分考虑学校实际和学生的发展需要，充分发挥学校特色，利用当地的资源和条件，如充分地依托当地的农、林、副、渔等资源，开发相关的劳动课程，从而更好地满足学生的学习需要，更好地满足学生全面发展。

（2）充分利用社会资源，丰富和完善劳动教育课程体系。首先发挥老师的特长，我们开设了航模课程、厨艺课程、折纸课程、编制课程、十字绣课程等。我们也充分利用家长资源，如有一位家长是做豆腐的，他义务为学校的学生展示豆腐的制作，从挑选黄豆开始，到磨豆浆，到豆腐成型，最后做成豆腐的过程，学生在动手的过程中，懂得了相关知识，体验了劳动乐趣，享受了愉悦的过程，看着学生品尝着自己做的豆腐，小脸上洋溢的快乐，这就是劳动的快乐！

总之，任何一种习惯的养成都不是一蹴而就的，尤其是作为小学生，需要家长意识的不断提升，需要学校和老师的不断引领。劳动是产生真正教育的密码，教育需要德智体美劳"五育"并举，以"劳"为基础，将劳动教育融入学生日常学习和生活，用劳动打开学生自然生长的教育之门，用劳动开启有温度、有故事的教育之门。

（张春霞）

农村中小学综合实践课程现状及实施策略

摘　要：有资料显示，自2001年基础教育课程改革以来，综合实践活动课程仅在部分地区、部分学校、部分班级中开设，尤其是在农村中小学并没有真正意义上的普及。对综合实践课程的认识不到位，领导重视程度不够；培训不到位，理念没掌握；评价机制不健全。这些都是制约综合实践活动课程顺利实施的主要因素。

关键词：农村中小学；综合实践课；现状；实施；策略

一、前言

综合实践课程是基础教育课程体系的重要组成部分，它的实施有助于培养学生的探究能力、动手操作、观察力、分析总结能力，促进学生的全面发展。但在该课程的落实上，却存在诸多问题，效果也不尽如人意。

二、农村中小学综合实践活动课程实施现状分析

新课程改革后，农村大多数中小学设置了综合实践活动课程，然而很少有学校能真正提高学生综合素质。这门课程在学校里的实际作用不大，大多数学校只是表面响应新课程改革，仅仅在课表和教学计划中随便加上综合实践活动这一课程，而并没有给予足够重视和实施实际行动。原因在于，农村中小学和教师仍旧坚持原来的教学观念，即重视课本知识教学而忽视实践活动教学。学校和教师从本质上没有认可和重视综合实践活动，使学生的各方面潜力无法得到最大程度的开发。综合实践活动作为一门全新课程，没有先例，没有教学课本，很多教师没有借鉴经验，竟然名正言顺对这门课程放任不管，任由课程发展停滞不前。不过，也有一部分负责认真的

教师，勇于突破传统的教学观念，不局限于课堂教学和课本知识，愿意真诚地带领学生一起参与综合实践活动，积极探索适合农村中小学生的综合实践活动方案，乐意帮助学生提高动手能力，开拓学生的眼界，从而提高学生的综合素质。一些学校不能顺利实施综合实践活动，是因为学校没有用于综合实践活动的专项资金投入，而且缺少相关活动设施，所以没有足够的活动场地能供学生开展实践活动，这与课程开展时间短暂密切相关。全新的课程和学校传统的教学观念使综合实践活动课程在实施过程中困难重重，希望本文提出的一些策略能为综合实践活动课程在中小学中的实施提供一些新的思路。

三、存在问题

（1）上级部门重视力度不够。由于不够重视，导致综合实践活动的学科教研、课程开发、课程评价、创新实践能力，只挂在嘴上或文本上，而没付诸实际行动；在很多学校该课程只落在学校的课表里，但课程的落实、学生的评价、教研等，很少有人过问。学校领导、部分教师，能清楚知道综合实践活动四个学习领域的并不多。另外，该课程的评价手段单一，只有定量评价，没有定性评价，个别学校的《学生综合素质手册》中没有综合实践活动的成绩。最关键的是，该课程非考试科目，导致该课程在落实中让位于考试学科，特别是期中期末考试的科目，这样综合实践课程就比较尴尬了，没有教材、还需要学校教师投入极大的精力和时间，需要自行开发，就更难引起学校领导和教师的重视，这种现象，已严重影响和制约学生今后的发展和国家对未来人才素质的培养。

（2）教科研力度不够。在课程实施中任课教师由于人数少，往往是只教无研，而学校是只设无管理，很多学校都没有设置该课程的教研组。产生这些问题的根源是上级教育行政主管部门的行政领导、监督力度不够。

（3）综合实践课程是一门实践性、综合性非常强的课程，任课教师的有效指导是课程实施的基本条件，需要整合校内校外的有效资源。仅靠少数几个教师来承担学生课题和实践中的各种技术操作等的指导是不现实的，也不利于综合实践活动课程的深入实施。因此，加强综合实践课程的教师队伍建设，仅仅由学校的一两位专职教师是难以做到的。

（4）硬件设施缺乏。学校实施综合实践活动，必须配置一些用于劳动与技术教育的硬件设施，而配置这些设施需要财政支持，另外，还需要设置综合实践活动室。这些硬件设施在农村学校是不易配齐的。由于硬件设施的缺乏，致使许多学生动手操作的课程，如木工、陶器制作、金工、电工、烹饪等实践课程，不能进行教学，从而导致学生的动手实践，停留在简单、技术含量低的实践活动中，如剪一剪、粘一粘、织一织、缝一缝等手工活动，如果教师不能拓展活动内涵，则不利于调动学生动手实践、探求未知的学习兴趣，不利于学生个性品质的健康发展与创新实践能力的提高。

（5）课程开发简单、低效。部分学校从单一角度设计和实施综合实践活动，减少综合实践活动的开发范围，这就降低了综合实践活动的整体功能。有的学校以研究性学习为开发、设置综合实践课程，有的学校以劳动技术教育或信息技术教育为开发课程。学校领导、教师对课程认识不足，没有充分利用、整合区域课程资源，存在着上面查一查、下面动一动的应付现象。由于缺乏有效课程开发的理论指引，学校盲目开发、零星开发、随意开发综合实践活动，导致课程开发效能低下，一些学校统一计划，实施综合实践活动，活动形式单调、呆板，整齐划一；一些学校课程总量安排不足，尤其初中根本达不到国家规定的每周3课时标准，或把其他学科的实践活动都归结到综合实践活动课程。

四、实施策略

（1）加大教育主管部门的监察职责。为保障该课程顺利实施，领导主管部门加大其督导、管理、评价力度，确保保学校综合实践课程开发的实效性和先进性。综合实践课程是国家基础教育课程改革中法定的中小学必修课程，学校应把综合实践课程纳入学校课程的总体设计规划中，完善课程开发实施制度、细则，如教师教研制度、工作量制度、教师配备制度等。

（2）学校重视。学校设立综合实践课程教研组，确保职责明确、分工到位、落实到人。学校定期检查课程实施情况，发现问题及时整改，教研部门定期检查该课程的教学课时落实情况。同时，学校加大硬件资金的投入，设立专门的综合实践教室，逐步配齐教学中常用的实践器材，订购相关的书刊、杂志。为了提高任课教师的积极性，学校应根据学校实际，把教师的指导工作计入工作量，纳入教师工作业绩加以考核。

（3）加强师资队伍建设。综合实践课程是一门综合性、实践性很强的课程，指导教师的授课水平直接影响该课程的实施效果，学校安排专职教师参加该课程的学习和教科研以提高教师授课的专业性和科学性。学校加大综合实践课程与各学科教学的资源整合力度。积极吸纳各学科的优秀教师加入综合实践的教学中来，以加强教师在该课程教学中教材开发的意识和能力，把教学和研发结合起来，这对于该课程的有效实施有着巨大的作用。

（4）加强课程资源的开发和利用。综合实践课程涉及人与自然、人与社会的范围。包括研究性学习、社区服务、社会实践、信息技术和劳动技术教育等内容。在开发综合实践课程资源时，各地应充分考虑学校实际和学生的发展需要，充分发挥学校特色，利用当地的资源和条件，如充分的依托当地的农、林、牧、副、渔等资源，开发相关的综合实践课程，从而更好地满足学生的学习需要，更好地满足学生全面发展。

五、结束语

综合实践课程是素质教育的重要组成部分，有利于学生的综合素质培养，促进学生的全面发展。目前农村中小学综合实践课程的实施尚存在诸多问题，各学校在实施过程中要开拓创新，转变观念，在教学实践中积累经验，发现问题、解决问题，并从促进学生健康全面的发展出发，确保农村中小学综合实践课程的全面落实。

（张春霞）

借助古诗词依托本土资源开展劳动实践教育的探索

——以德州经济技术开发区尚德小学为例

摘　要：现代生活已经让太多人远离丰富的传统文化，丰富的传统文化来源于劳动中，即使身在其中，也不再知道这背后的真正意义。因此，二十四节气所蕴含的丰富的意义我们已经很少察觉。搜集整理关于二十四节气的古诗词，定为校本课程。利用本课程，依托学校处在城乡接合部的资源优势，开展劳动实践教育。必将激起学生对传统文化的兴趣，对劳动的重新体会、认识，达到知行合一。何乐而不为？

关键词：二十四节气；古诗词；校本课程；劳动实践

一、研究缘起

党的十八大以来，习近平总书记围绕文化自信作出了一系列的重要论述，他强调，坚持文化自信是更基础、更广泛、更深厚的自信，是更基本，更深沉，更持久的力量。文化自信来自哪里？博大精深的中华优秀传统文化就是我们最深厚的软实力，就是我们文化自信的坚实根基和突出优势。古诗词作为中华传统文化大塔上的明珠，我们指导学生在劳动实践中去体会作者笔下的劳动场面，去感受古今的相同与不同。

要教育孩子们从小热爱劳动、热爱创造，通过劳动和创造播种希望、收获果实，也通过劳动和创造磨炼意志、提高自己。古代的文人赞美二十四节气的作品很多，孩子们对这些古诗词的学习，无非是在课堂上读、背、默写，听老师图文并茂的讲解，对师生来说古诗词的教学是枯燥无味的。假如把这些古诗带到劳动场景中去理解和掌握。想必印象更深刻，趣味更加浓厚。

当前，小学劳动教育缺位已成为严峻的事实，在家庭中被"软化"，家长只关注孩子学习，只要成绩好，努力学习，什么都不用干。在学校被"弱化"，小学劳动教育课程开设率极低，师资、场地、经费缺乏，有的学校把劳动作为惩罚孩子的手段，劳动多教育少，忽略了劳动精神和劳动习惯的培养。

尚德小学地处城乡接合部，大部分学生家里还留有农具，有块田地。"这块田地"为我们学校开展家庭农耕劳动体验活动提供了天然的资源。学生家种玉米、小麦、水果、蔬菜等各种农作物。学生手捧古诗词书本走进田园吟诵，去追求见到美景吟诗一首，去扮演"小诗人"。学校鉴于此，进行了顶层设计，组织老师搜集编写了《四季牧歌》校本教材，以二十四节气为主线，把更多的古诗词编写进去。让这些古诗词激起学生对劳动的情趣，教育学生正确看待劳动实践活动，让"劳动光荣"在学生脑海里扎根、发芽、开花、结果。

二、内涵与原则

（一）内涵

古诗词在这里是指那些跟二十四节气有关的诗词。例如，杜牧的《清明》。本诗描写的是清明时节的祭祀场景，在农村"上坟烧纸"就是这首诗的场景——"清明时节雨纷纷，路上行人欲断魂"。

本土资源这里指学校所处的城乡接合部独特的地理位置，学生家里还有田地，家里的农耕根据节气种植。例如，李绅笔下的《悯农》场景，在学校周围就常见，"春种一粒粟，秋收万颗子"。我们便可利用这些农村优势资源让学生亲自去体验种植、管理、收获农作物，在这样的过程中既能体悟中国古代劳动人民的聪明智慧，又能亲身去实践，从中受到"不怕苦、不怕累、持之以恒、学会分享"

等思想教育。

借助古诗词依托本土资源开展的劳动实践教育的内涵是指挖掘的校本课程，做到诗中有实景，实景中有诗词。学校开设劳动实践课程，并结合当地农田事情设计教学内容。古诗词、本土资源、劳动教育三者是统一并存的，做到知识与实践的融合。学生能深刻理解二十四节气不仅仅代表着季节的轮回，也不仅仅彰显着岁月的更替，更多的是要唤醒我们从生活中感悟"一分耕耘一分收获"；从生活中领会生命的"春萌、夏孕、秋实、冬蓄"，在实实在在的劳动和生活中去感悟做人做事的道理。

（二）原则

1. 亲手实践的原则

实践是劳动教育的高级目标。学生亲自动手参加劳动操作是劳动课程中必不可少的环节。尚德小学结合实际，给学生创设了足够的时间和空间，想尽一切办法为学生创设劳动操作的条件，让学生在劳动中得到教育，通过劳动去体味《四季牧歌》中诗人笔下的劳动场景。学生在劳动场景中感悟劳动之美，通过动手实践获取的知识记忆更深远。

2. 创新务实的原则

培养创新精神和实践能力是素质教育的核心，劳动实践教育本身的特点决定了它在培养创新人才过程中的地位和独特作用。班主任应鼓励学生在劳动实践中勇于探索的创新精神，让学生在劳动实践中培养创新意识、创新思维、创新本领以及创新品格。

尚德小学根据二十四节气交替轮回，当下的时节，提前一周或过后一周安排相关的劳动实践活动。例如，芒种时节来临，班主任老师布置劳动实践作业为帮助父母晒小麦，需要完成的作业形式可以是多样的：画一画（用自己的彩笔画出自己心目中的农忙景象）；听一听（听老人讲过去收小麦的故事）；背一背（背诵有关四季的古诗词)。

3. 适应学生的原则

劳动实践教育应该适应学生年龄、性别、个体差异等,开展劳动实践活动尽量照顾全体学生,让学生愉快的接受劳动实践教育。布置实践作业一至六年级中不应该相同。五六年级的学生完全可以顶一个成年人去干农活,应布置学生下田劳动;三四年级的学生身材小,体力较弱,应布置学生一些参观、简单体验的作业;一二年级的学生在家长眼里还是一个乳臭未干的孩子,给他们布置一些听大人讲过去农田里的故事为主的作业。

4. 开放适度的原则

劳动实践活动过程中,教学内容不应拘泥于单单的校本课程,做到校内校外、课内课外相结合,慢慢构建学习、家庭相互协调、互相补充的劳动实践体系。学校能够提供的资源优势由学校来提供,家庭能提供的由家庭来提供。初步探索的阶段,暂时不引进社会来参与。小学阶段学生在家帮助父母下地干农活,在学校有劳动实践的菜园,让学生在劳动实践中来认识、理解、探索和创造。学生在独立完成和合作完成中得到交流和精神体验。

5. 安全第一的原则

学校安排劳动实践活动首先要预设存在哪些安全隐患。因为劳动实践活动是学生动手操作和使用工具、设备等带有不安全的因素,所以学校应该规定"没有安全保障的劳动实践活动,将一票否决"。尚德小学劳动实践课安排学生去灌溉菜地中的菜,五六年级的学生可以拿着铁锹照看菜畦子,让水灌溉到畦子边和畦子头,体会灌溉的流程,观察植物需要浇水的状态。培养孩子的耐心,教育孩子树立安全意识、自我保护意识、环保意识,指导他们正确使用工具和设备,自觉穿戴必需的劳动防护用具。从小让学生养成严格遵守劳动纪律,自觉执行劳动实践活动规章制度的良好习惯。

三、借助古诗词依托本土资源的劳动实践教育的开展及实施

（一）师资建设

师资队伍薄弱直接影响着学科建设和发展，尚德小学也不例外。为了保证校本课程的顺利开展，朱增峰校长亲自给四至六年级的学生上《四季牧歌》课。同时，学校还聘任了有劳动实践经验的男老教师、男保安作为志愿者，给四至六年级的学生讲解玉米、小麦种植的简单常识，组织、锻炼各班的种植兴趣小组，带领学生到校园里的菜地中开展劳动实践综合活动。

班级不定期地召开主题家长会，要求爷爷、爸爸担任学生的劳动指导老师，指导学生在劳动时的各个环节、各种动作、各种工具使用等。班主任根据学生的年龄布置相关的劳动实践作业，低年级学生以家务劳动为主，中年级以自己院子里的劳动为主，高年级可以下田劳作，根据季节时令下田劳作不相同，以班级为单位制作精彩的简报。学期末，每个班级评选出一至三名劳动之星，颁发奖状和奖品。学校在劳动实践过程中关注以劳树德、以劳提智、以劳健体的多方面效果。

（二）课程资源

尚德小学从实际出发成立了《四季牧歌》校本课程的研发小组，根据搜集的古诗词内容构建劳动实践课程。年轻的男教师和学校保安课余时间去管理学校劳动教育实践基地，他们带领五六年级的学生给种植园加土保墒，给种植园内的蔬菜施肥浇水。每周五低年级班主任带领本班学生到菜园内给学生讲解一些蔬菜的来历、功效、烹饪等，让学生全方位、立体式了解一种植物。这些蔬菜成了住校的老师们的最爱——绿色、无公害、放心。芒种前后，中高年级班主任布置学生回家帮助父母晾晒小麦、收摊小麦，体会粒粒皆辛苦之感。倾听爷爷、奶奶描述过去镰刀割麦、压场、扬场的故事和场景，制作手抄报，形成今昔对比，感受科技带来的便利，感受祖国

日益富强。

学校在教学楼内布置了盆栽和轮胎填土种植,根据植物种植的条件,男教师们种植了一些易活鲜花和季节性较强的蔬菜、水果,如盆栽草莓、盆栽西红柿、轮胎填土种植小水果黄瓜等。把这些植被分配到班级去管理,为学生提供了观察日记写作的素材;为学生提供了描写景物的素材;更为学生提供了劳动实践的资源。

(三)教学管理

在开展劳动实践活动时,学校要求教师、学生和家长积极互动,共同去体验劳动之美。教务处制定了知识目标和能力目标考核办法。教师上劳动实践课生动活泼、方式灵活多样。每周班主任负责组织学生去管理盆栽和轮胎填土种植,调查班级内参与管理的人数,目的在于让更多的学生有更多的时间参加劳动实践。

学校制定了"模仿→独立劳动→熟练劳动→创造劳动"实施项目和具体要求。突出劳动实践中教师的示范作用,迫使学校各年龄阶段的教师上网搜查、咨询身边经验丰富的劳作者。因为学生的"一技之长"不再是我们追求的目标,我们是利用教学模式,通过劳动实践去科学的训练学生劳动本领、培养劳动习惯、铸造劳动精神的。为他们将来适应社会的发展奠定基础。

四、劳动实践教育的成效

(一)学校方面

(1)学校开辟了种植园,种植了蔬菜、瓜果,学校的绿化、美化、净化进一步提升。校领导干部和教师同劳动,建立了平等关系,缩短了距离感,有些工作边干活边商量解决,收到了较好的效果。在劳动中发现教师的品质,吃苦耐劳型、急于求成型、好把式型等。劳动实践活动课程的开展为学校文化底蕴又书写了一大笔,增加了学校文化底蕴的分量。

（2）学校出版的《四季牧歌》教材被定为校本课程后，很多教职工以此为突破口设计活动，进行论文写作和课题研究。当前，朱增峰校长主持的市级课题"利用农村资源促进小学生身心健康成长的实践研究"已立项、开题。中高年级的班主任根据时节的交替布置劳动实践活动。活动结束后，进行经验推广，形成的新闻稿件在区级和市级等媒体上进行发表，对学校的品牌建设起到了很好的宣传作用。

（二）教师方面

"农村是一个广阔的天地，在那里是可以大有作为的"，毛泽东主席早就说过这句话，他号召城里的青年人到农村去锻炼。笔者认为这里的锻炼主要是指的劳动实践锻炼。我们学校近五年级内招聘的教师是缺乏劳动锻炼的，这批教师从初中、高中、大学再到工作的学校几乎不怎么参与劳动锻炼。没时间、没场地、没力气、没师傅……成了搪塞别人的理由。

学校的杜老师也属于这一类，看到学校把"四没"变成了"四有"（有时间、有场地、有师傅、有力气）后，也积极参与进来了，后来成了一名合格的劳动实践老师。在两位年长的老师培养下不但成了一名干活的好把式，而且身体素质越来越好了，放假时从德州骑车回老家聊城，百余千米路程不在话下。他在朱校长的鼓励下组建了尚德小学足球队，前一段时间，学校刚被评为"全国青少年校园足球特色学校"。杜老师的蝶变离不开学校开展的系列劳动实践活动，像这样蝶变的老师还很多，不一一列举了。

（三）学生方面

劳动实践中理解、掌握的知识更深刻，记忆更长久。古诗词的记忆也不例外，学校五六年级的学生参加教育主管部门组织的"国学小名士"活动，取得了优异的成绩。成绩的取得不是通过临时"磨枪"，为了完成活动而去背诵的，而是学生长期积累的结果。"熟读唐诗三百首，不会作诗也会吟。"中高年级在作文写作时，文章中引用很多的古诗词，达到了学以致用的教学目标。

"文明其精神、野蛮其体魄"，是每个人追求的梦想。学生通过自身劳动锻炼，积累背诵古诗词，想必是对这句话最好的践行。十年树木，百年树人。当下，只有学生精神面貌改变较大。其他对学生的影响还不是太深刻。未来的人生之路，强壮的体格、文艺范十足的内心世界、善良的心灵等陪伴孩子一生。到那时，学生会很自豪地说："我是幸福的！"

五、反思及展望

（一）反思

（1）现在的孩子都有点娇生惯养，即使农村的孩子也是这样的。怎样让孩子爱上劳动，爱上动手操作。真正扑下身子来体会劳动中的乐趣，而不是为了完成老师的实践作业，应付了事拍个照片。针对这个现象我们以后设计活动时应多加注意。

（2）师资紧张，无专职劳动技术的教师，现有的教师任务量过大，且劳动实践专业知识和技能都是从网络上学习的，教授的学生水平也参差不齐。劳动实践经验丰富的老教师不愿意参与非教学类的活动，对我们开展劳动实践活动形成了很大阻碍，甚至造成优秀资源的埋没。

（二）展望

（1）孩子应付了事的问题根结在家长和劳动实践老师身上。学校会进一步强化老师的责任感，给家长讲明示范作用的影响。尽量让学生多在学校内参加劳动实践活动，这样更能完成劳动教育的目标任务。家庭中完成的作业，学校将通过照片、视频、体会去甄别是否存在应付了事的现象。

（2）扩大学校种植面积。除必要的硬化外，争取不让一寸土地空闲着,根据农作物的习性,栽种不同的作物,争取把学校打造成花园式校园,让花香、吟诗、果实融为一体,成为尚德小学靓丽的名片。

(3)聘请校外劳动实践志愿者。在周围村子里寻找会劳动、会讲劳动故事的志愿者走进校园里,帮助学校开展劳动实践活动课程。进一步调动年长教师的积极性,制定一系列的刺激性考核办法,让他们主动参与到劳动实践活动中来。

(4)扩大课程内容。学校当前只限于《四季牧歌》范围内的种植体验、管理、收获。没有开设养殖课程,学校周围还有十几个村庄没有搬迁上楼,家里还喂养着鸡、兔、鸭、鹅、羊等。这是很好的资源,学校将会抓住时机,尽快拿出方案来,把养殖劳动实践课程开展起来。

当农耕文明业已远去,动手劳动对现代人诗意闲暇生活的启示,依然意味深长。正如齐鲁名校长孟杰同志给我们的寄语"只要方向对了,就不怕路远。"他希望我们坚定地走下去,我们选择希望。

(陈英超)